儿童哲学

绘本阅读中心灵成长的探索与实践

以绘本为桥梁
点亮哲思之光

图书在版编目（CIP）数据

儿童哲学：绘本阅读中心灵成长的探索与实践 / 富士英著. -- 上海：上海社会科学院出版社，2025.
ISBN 978-7-5520-4655-7
Ⅰ. G623.232
中国国家版本馆 CIP 数据核字第 2025SX7961 号

儿童哲学：绘本阅读中心灵成长的探索与实践

著　　者：富士英
责任编辑：路　晓
封面设计：裘幼华
出版发行：上海社会科学院出版社
　　　　　上海顺昌路 622 号　邮编 200025
　　　　　电话总机 021-63315947　销售热线 021-53063735
　　　　　https://cbs.sass.org.cn　E-mail:sassp@sassp.cn
照　　排：上海碧悦制版有限公司
印　　刷：浙江天地海印刷有限公司
开　　本：710 毫米×1000 毫米　1/16
印　　张：14
字　　数：193 千
版　　次：2025 年 4 月第 1 版　2025 年 4 月第 1 次印刷

ISBN 978-7-5520-4655-7/G · 1400　　　　　　　　　　定价：70.00 元

版权所有　翻印必究

序一

儿童都是天生的哲学家

退休后再就业,在上海市新优质学校研究所打点短工。上海市三灶学校是上海市"新优质学校"的项目校,富士英老师是项目的学校专管员,遂因项目而结识。2024年12月,三灶学校主动申请了"上海市新优质学校认证"活动,其间有一堂"担心与智慧:孩子眼中的哲学"观摩课,源自校本课程"以绘本为载体的儿童哲学生命化教育",力图展现学校在高质量实施国家课程方面的实践探索。校本课程作为义务教育阶段新国家课程方案的三类课程之一,已成为学校高质量实施国家课程的重要组成部分;各校因校制宜,或德或智或体,研发出与学校育人目标相匹配的校本课程,丰富国家课程,引导学生个性发展,林林总总,各显神通;而把哲学启蒙作为主题进行实践探索的学校却为数不多,故而引人注目。我饶有兴趣地旁听了整堂课,围绕情绪的认知、接纳和处理,孩子们很放松地以小组形式提问、讨论,既热闹又遵守规则;这是我第一次接触儿童哲学课程,留下了良好的印象。

三灶学校是一所远郊的普通农村学校,自2011年成为首批上海市新优质项目校以来,始终秉持"文武兼修,启智尚美"的办学理念,致力于让每一个学生的生命绽放光彩。在不断深化教育改革的征程中,学校敏锐地捕捉到儿童哲学教育的独特价值,将其引入校园,融入日常教学的肌理,为学子们开启了一扇通往全新认知天地的智慧之门。这中间有金育宏校长和管理团队的行政大力支持,更得力于一个富有教育情怀、孜孜以求的教师团队,富士英老师便是其中的杰出代表。

如果说哲学是研究整个世界,揭示整个世界发展的一般规律,并为人们认识世界、改造世界提供方法论指导的一门学科,那儿童就是天生的哲学家。差不多所有的娃娃最相同的一点就是对这个世界有无尽的"为什么",好多时候能问得你脑壳发麻。但这种与生俱来的好奇心会随着年龄的增长和接受教育的年限的增加而递减,"为什么"会越来越少;造成这种现象的原因是多方面的,如何更好地保护儿童与生俱来的好奇心,需要家校社的共同努力,而学校教育更是不可或缺的重要阵地。于是儿童哲学的课程开始进入学校,用一种苏格拉底式的对话来激发儿童的好奇心,并运用概念澄清、逻辑演绎等哲学方法引导儿童进行探究式的思考。从这个意义上讲,儿童哲学并不是一种新的哲学思想或哲学流派,而是一种具有哲学特色的教育模式,或许也可以称为"哲学家教育法"。富老师和她的小伙伴们在学校领导的支持下,基于学校实际,以绘本为载体,针对不同年级学生的特点,探索形成了"生命的起源""生命的成长""生命的高峰""生命的衰弱"和"生命的逝去"五个课程主题,从哲学的角度感受人的一生,引领孩子们于思考中成长,在成长中思索。借绘本阅读之舟,载孩子们穿梭于色彩斑斓的画面与妙趣横生的故事间,真切触摸生命的温热,领略世界的广袤无垠;于班会课之舞台,巧妙运用儿童哲学之法,点燃孩子们的思辨之火,培育正确的价值观与民主意识;在生命教育的实践活动中,引领孩子们直面生命的脆弱与珍贵,学会感恩、勇于担当、懂得珍惜;在全员导师制的大背景下,携手家长,以亲子绘本阅读为温情纽带,构筑家校共育的坚固桥梁,让孩子们在家庭的温馨港湾与学校的知识殿堂中,滋养天性,适时成长。

富士英老师深耕儿童哲学的课堂实践多年,积累甚厚。此前已有《依托儿童哲学绘本,开发生命化教育化班会课程的实践研究》《基于绘本的儿童哲学教育》《儿童哲学助力学生"三观"养成教育的实践探究》《且听且望且随风,且行且看且从容》等多项研究成果,此次最新专著《儿童哲学:绘本阅读中心灵成长的探索与实践》,聚焦儿童哲学教育,尤其是儿童哲学绘本教育在该校的实践与探索,从绘本阅读的启蒙引导,到班会课上的创新实践;从生命教育的深度挖掘,到全员导师制下的家校共育桥梁搭建,翔实而生动地记录了她在教学一线的所作所为所思:既有成功的经验介绍,也有对绘本遴选与课程本地化的优化调适、教学理念的深度转变及教学实践经验的提炼与总结等方面的反思,字里行间流露出的执着和努力令人动容。

当然,在当下落实"双新"要求的义务教育改革浪潮中,儿童哲学的课程建设和教学实践还是个很小众的项目,要进一步扩大影响和深化实践,个人觉得还需要两条腿走路:一是更多地学习和借鉴国际儿童哲学理论与实践经验,洋为中用;一是深入挖掘中国古近代的哲学智慧,古为今用,以更好地研究、理解和培养正确的儿童哲学观念,探究和形成更符合儿童心理的学校教育策略来助推学校的发展。我殷切希望三灶学校,尤其是富士英老师能在前些年实践探索的基础上百尺竿头,更进一步,让更多的儿童和老师感受到儿童哲学绘本教育的独特魅力与非凡价值,汲取其中蕴含的教育智慧与实践经验,开启个性成长的奇妙旅程,为未来播撒希望的种子,让每一个生命皆能绽放华丽之光彩。

正高级教师,上海市特级校长
上海市新优质学校研究所常务副所长　　杨杰

序 二

在全球化与本土化交织的21世纪,儿童哲学教育正以其独特的生命力在世界不同地区的教育场域中生根发芽,成为推动全球教育改革的重要力量。尤其是在人工智能深度发展且日益影响中小学课堂的当下,儿童哲学的出场不仅能帮助儿童在算法逻辑主导的环境中保持思维的独立性,建立技术使用的伦理坐标系,避免陷入工具理性陷阱,也能通过"人为何存在"等终极命题的思考,守护教育的人文温度。回眸半个世纪以来中国儿童哲学的发展历程,大体经历了从理论译介到实践探索、从国际引进到本土创新的蜕变,逐步形成了具有中国特色的儿童哲学自主知识体系和实践模式。本书《儿童哲学:绘本阅读中心灵成长的探索与实践》正是这一进程的重要见证,它不仅系统梳理了中国儿童哲学教育的本土化经验,更通过丰富的案例与实证研究,为中国儿童哲学的未来发展指明了方向。

中国儿童哲学的发展可追溯至20世纪70年代末。1976年,台湾学者杨茂秀将马修·李普曼(Matthew Lipman)的"儿童哲学"(P4C)引入中国台湾地区,并成立"毛毛虫儿童哲学基金会",开启了华语世界儿童哲学教育的先河。80年代末至90年代中后期,大陆学者将这一理念引入昆明、上海等地的中小学,标志着儿童哲学在中国大陆的正式起步。早期探索以理论移植为主,通过翻译西方经典教材、举办教师培训和国际研讨会、开展国际互访等,逐步建立起儿童哲学教育的基本框架。进入21世纪,中国儿童哲学教育逐渐呈现出三大显著特征。其一是多元实践样态的构建,如刺激物从传统的哲学文本拓展至绘本、童话、成语、寓言、各学科的教科书等多元载体,集体教学和活动形式也从单一的圈谈走向与戏剧、游戏、运动会等相融合。其二是中国文化传统的渗透与当代改革需求的呼应,中国教育工作者主动将西方儿童哲学理论与本土哲学(以儒家和道家为代表的诸子百家)传统相结合,探索出具有浓郁中国文化色彩的理论与实践模式。同时结合《义务教育课程方案(2022年版)》与"双减"政策,进一步落实核心素养(特别是审辨性思维和创造性思维)的培育。其三是区域与国际对话机制的形成。中国本土已经在学前和基础教育领域建立起区域和全国范围内的儿童哲学实践联盟,开展周期性、项目式、专题化的集体探索,并与欧美日澳韩等不同国家建立起常态的互动与交流机制,举办儿童哲学的教育创新博览会、四季论坛、系列学术讲座、国际研修、国际会议等活动,推动了东西方儿童哲学共同体的形成与发展。

  本书以"心灵成长"为核心,聚焦儿童哲学教育的理论建构与实践创新,其理论价值与实践亮点主要体现在多个方面。本书系统论证了绘本作为哲学教育载体的独特价值。通过分析《小威向前冲》《獾的礼物》等经典绘本的教学案例,作者提出了"图文互文"的教学策略:以图画激发直觉思维,以文字引导逻辑推理,使儿童在审美体验中自然进入哲学思辨。如在"生命起源"主题教学中,教师通过《小威向前冲》的绘本讨论,引导学生思考"生命的偶然性与独特性",将生物学知识与存在主义哲学巧妙融合,实现了认知与情感的双重启蒙。同时,生命教育是本书的重要主题。作者突破传统生命教育的知识传授模式,将哲学思辨融入生死观、责任意识的培养。如通过《爷爷变成了幽灵》的绘本讨论,学生在角色扮演中理解"死亡的必然性"与"生命的延续性",教师进一步引导学生思考"如何在有限生命中创造价值"。这种哲学化的生命教育不仅提升了学生对生命意义的认知,更培养了其审辨性思维与人文关怀。

  本书还创造性地提出颇具实效的家校共育机制。通过亲子共读、家长参与课程开发,作者构建了"学校主导、家庭协同、社区支持"的立体化教育网络。上海三灶学校通过"家长微课堂",邀请家长担任"哲学导师",结合自身职业与生活经验设计教学案例,使哲学教育从课堂延伸至家庭,形成有效的教育合力。此外，面对全球化背景下的文化冲突，本书倡导以哲学对话促进文化理解。通过分析《花婆婆》《我爸爸》等跨文化绘本的教学实践，作者提出"批判性包容"的教育理念：既尊重文化多样性，又引导学生对不同价值观进行理性反思。如在"友谊"主题教学中，教师通过对比中西方绘本中的友谊观，组织学生辩论"忠诚与原则的边界"，培养其跨文化思辨能力。还要指出的是，本书突破传统讲授模式，提出"问题链驱动""图像化思维""角色扮演"等教学方法。如在"公平"主题教学中，教师通过"分蛋糕"的情境模拟，引导学生自主提出"公平的标准是什么""如何平衡个体差异与平等原则"等问题，形成层层递进的问题链。这种以学生为中心的探究式学习，使哲学教育从"知识灌输"转向"思维激活"。

总之，儿童哲学教育的本质，是为儿童打开一扇"思考的窗"，使其在追问与对话中触摸世界的本质，建构精神的家园。本书通过对中国本土实践的深度剖析，不仅验证了儿童哲学教育的可行性，更彰显了其在培养高阶思维、人文素养与文化认同中的独特价值。在未来的发展中，中国儿童哲学教育必将以更开放的姿态，扎根传统文化土壤，汲取全球智慧，形成更具中国特色的教育范式，并为世界儿童哲学的发展贡献更多的东方智慧。正如书中所言："哲学的种子，终将在儿童心中长成参天大树。"

高振宇

杭州师范大学经亨颐教育学院教授　高振宇

目 录

序一　儿童都是天生的哲学家	/ 1
序二	/ 4
儿童哲学绘本教育课程的开发与实施的行动研究（结题报告）	/ 1
运用儿童哲学创新实施小学班会课的探索	/ 24
儿童哲学课程对于儿童心理发展的促进作用	/ 38
绘本之光，照亮成长之路	
——"以绘本为载体的儿童哲学生命教育"项目化学生成长案例	/ 44
全员导师制下生命教育的实践与反思	
——以预备年级家庭亲子绘本阅读为例	/ 52
以绘本为载体，运用儿童哲学开展小学生命教育	
——上海市三灶学校绘本阅读课程建设的实践研究	/ 58
以绘本阅读课程启智润心	
——乡村小学德育校本课程建设的探索与实践	/ 73
以绘本为载体的儿童哲学亲子阅读实践探究	/ 80
点亮心中那道光	/ 84
儿童哲学在促进儿童自我认知发展中的作用	/ 91
从心灵到课堂：儿童哲学课程与儿童精神家园的构建	/ 110
儿童哲学课程与多元文化包容性教育的协同效应	/ 127
儿童哲学绘本课程的评价研究	/ 140

儿童哲学课程教学方法的创新研究 / 149

家校共育视角下的儿童哲学教育实践与策略 / 165

上海市三灶学校儿童哲学生命教育实践研究 / 186

上海市三灶学校儿童哲学绘本教育实践及成效分析 / 201

儿童哲学绘本教育课程的开发与实施的行动研究(结题报告)

一、课题研究的背景和现状

(一) 课题研究的背景

习近平总书记 2018 年 9 月 10 日在全国教育大会的讲话[1]中指出,"培养德智体美劳全面发展的社会主义建设者和接班人,加快推进教育现代化、建设教育强国、办好人民满意的教育",强调"坚持以人民为中心发展教育"。党的十九大报告中强调"努力让每个孩子都能享有公平而有质量的教育"[2],这是以习近平同志为核心的党中央坚持以人民为中心的发展思想谋划教育事业改革发展的生动体现,是党中央对新时代教育事业提出的新要求,是我们基层教育工作者实施教育教学行动研究的指南。

2013 年新一轮基础教育综合改革开始实施,新课标新教材陆续出台。《义务教育课程方案和课程标准(2022 版)》(以下简称《新课程标准》)确立的"以学生发展为本"的理念,主张"多层次、多类型、多形式地为学生的学习提供更多的选择空间",让每个学生都能在学校学有所获,满足学生全面而个性的发展等,成为学校教育教学发展的新要求。

2021 年 7 月,中共中央办公厅、国务院办公厅印发《关于进一步减轻义务教育阶段学生作业负担和校外培训负担的意见》。在推动和促进学校教

---

[1] 张烁:《坚持中国特色社会主义教育发展道路 培养德智体美劳全面发展的社会主义建设者和接班人》,《人民日报》,2018 年 9 月 11 日第 1 版。
[2] 习近平:《决胜全面建成小康社会 夺取新时代中国特色社会主义伟大的胜利》,人民出版社,2017 年版,第 46 页。

育教学质量和服务水平进一步提升的同时,需要学校提高课后服务质量,满足学生多元化的学习需求。

上海市三灶学校(以下简称"我校")地处远郊农村,是由原三灶中学和三灶小学于2003年8月合并而成的一所九年一贯制学校。我校学生几乎都是本土乡民和外来务工人员的子女,他们的父母绝大多数文化水平不高,无法给子女提供优质而全面的家庭教育,这需要学校充分挖掘教育资源予以弥补。

在此背景下,我校结合生源特点和教学实际,申报了"儿童哲学绘本教育课程的开发与实施的行动研究"(以下简称"儿童哲学绘本课程研究")课题,并以"儿童哲学绘本教育课程"为载体,探索了一条儿童教育的新途径,满足了学校课程体系建设和学生养成发展的需要。

(二) 国内外研究现状

1. 西方研究现状

儿童哲学(philosophy for children)诞生于20世纪60年代的美国,由时任哥伦比亚大学哲学教授的马修·李普曼(Matthew Lipman)提出并倡导。它关注的是为儿童专门设计的教育训练计划,这个计划是通过教师带领儿童亲身体验哲学讨论的过程,训练儿童严谨的逻辑推理能力。儿童哲学不同于我们所理解的传统意义上的哲学,它不是一门为了培养专门的哲学家而设立的课程,而是一种发展儿童思维能力、学习能力并对培养儿童主动思考习惯有着极大作用的教学方法,它更关注于儿童逻辑推理技能的训练。

深受古希腊哲学影响的欧洲哲学家给儿童哲学起的名字是"philosophy with children"。它强调的是和儿童"一起做"哲学。它是受苏格拉底和其弟子对话的启发,并不要求严谨的教育和训练,要求的是成人与儿童一起进行开放式的思维对话活动,重点在于教导儿童积极思考,为儿童哲学的研究提供了新的切入点。

如今在西方,儿童哲学已经发展到为包括从幼儿园直到大学的学生在内的不同群体提供哲学探究课程,并且正在世界各地,被越来越多的国家所采用。仅美国就有5000所学校在开展儿童哲学教学,近12万名学生参加。欧洲的主要国家,例如英国、法国、德国、丹麦等,儿童哲学课程更是遍地开花。

作为"无用之学"的哲学之用又回到了苏格拉底最初的时代。美国的教育专家斯滕博格也承认:没有一个计划像儿童哲学计划一样能够教导如此持久且可迁移的思考技巧。

2. 我国研究现状

1976年儿童哲学的第一本教材由杨茂秀教授引进我国台湾地区,随后成立了"财团法人毛毛虫儿童哲学基金会",自此台湾地区儿童哲学教育如火如荼地开展,并取得良好的社会反响。随着两岸交流深入,2019年厦门大学哲学系"首届两岸大学生关于儿童哲学教育与实践夏令营项目"获教育部对台交流立项,杨茂秀教授带领的台湾辅仁大学成熟的儿童哲学团队及其在台湾地区各高校中的高知名度和影响力将推动该项目的实施,让教育资源惠及每一个学生。

1997年,云南省的昆明铁路局南站小学以对教师进行儿童哲学培训为开端,首次将"儿童哲学"引入大陆。1999年,在上海市教育科学研究院智力开发研究所的帮助下,上海市杨浦区六一小学也开始正式确立并启动"儿童哲学"实验课,儿童哲学问题的探讨从此不再是空中楼阁。

在期盼和寻找中,2013年江苏省特级教师王雄组织编写了一套酷思熊系列的儿童哲学阅读绘本。这也是中国第一套面向少年儿童编写的儿童哲学绘本。有了这样的绘本作为教学资源,开展儿童哲学阅读活动的瓶颈也随之突破。我们也希望能站在巨人的肩膀上,实施质量更好的教育。

从中国知网的数据来看,自儿童哲学这个概念传入迄今,其相关文献数量呈井喷式增长,"儿童哲学"真正成为学术圈内(至少在教育学领域)一个不可忽视的话题,并引起社会各界的广泛关注,因此可以说,目前,儿童哲学在我国已进入繁荣发展的时期。一方面,2019年厦门大学和台湾辅仁大学的联手,助推了儿童哲学在我国更进一步的发展;另一方面,杭州师范大学成立了儿童哲学研究中心,主要任务就是推动儿童哲学的中国模式形成与推广。该研究中心举办了多次儿童哲学论坛,汇聚了一批哲学教授和教育专家开展儿童哲学理论与实践的研讨,并在上海、浙江、江苏等10多个省区市组建了区域性的校(园)联盟,开展儿童哲学师资培训和教学推广。我国儿童哲学研究进入了一个新的局面。

二、课题研究的理论依据

(一) 儿童与哲学具有天然的关联性

"哲学"一词源于古希腊文,由"爱"和"智慧"两个词语组成。柏拉图认为,哲学产生于惊异。亚里士多德在《形而上学》中提到:"古往今来人们开始哲理探索,都应起于对自然万物的惊异。"哲学家马修斯(Gareth B. Matthews)在其哲学代表作《苏格拉底的困惑与哲学的本质》一书中认为:"困惑(Perplexity,Aporia)处于哲学的中心地位……""柏拉图与亚里士多德所说的惊异其实指的是,我们惊讶地发现,有些事情我们原本以为自己理解得很清楚了,但其实我们对它还是充满着极具挑战性的困惑。因此,对柏拉图和亚里士多德而言,哲学始于惊异,而在惊异中所蕴含的是一种哲学上有趣的困惑"。哲学的惊异常常与困惑联系在一起。伯特兰·罗素(Bertland Russell)指出:"哲学即使不能如我们所愿去解答那么多的问题,它至少拥有提出问题的能力,以增加我们对于世界的兴趣,并展示出日常生活中哪怕是最寻常事物背后的陌生与惊异之处。"哲学家卡尔·西奥多·雅斯贝尔斯(Karl Theodor Jaspers)认为:哲学的本质并不在于对真理的掌握,而在于对真理的探究。对于哲学思考的人来说,问题比答案更为重要。儿童哲学的创始人李普曼在《教室里的哲学》一文中总结道:"如果儿童对教学过程的主要贡献就是他们的好问精神,如果哲学是一门不断提出问题的学科,那么哲学和儿童之间就有了天然的联系。"马修斯认为,在某种方式上,成人哲学不过是儿童哲学的理想化,是成长中的儿童在认知能力或道德能力受到威胁时,对理解世界的最好方式的理性重构。他在1980年的著作《哲学与幼童》中就指出,儿童能够自然而然地提出问题,发表评价,甚至进行哲学家式的思考和推理。"作为成人研究对象的哲学可被看作对儿童提问的成熟的回答。"他自己6岁时关于宇宙起源的想法,就与神学家托马斯·阿奎那(Thomas Aguinas)十分相似。他以自己的童年经历证明了这一观点。当时,他问妈妈宇宙到底是怎么来的,妈妈答不上来,而他却用了一个类比做了回答:"我想,这就像有人画了一个圆。画的时候要是你在边上,就知道圆的起点在哪里。但现在再看的话,就说不出来是从哪里开始的。它(宇宙)就像一个圆,终点和起点连在一起,分不出来。"儿童天生地具有强烈的好奇心,他们对这个世界充满新鲜感和困惑,他们会因此而喜欢向大人提出很多稀奇古怪的问题,或是发出一些富于哲理性的感叹。马修斯还提到苏珊·艾萨克(Susan Isaac)的《儿童智力发展》一书中有一个故事,4岁6个月的丹尼斯试图对爸爸詹姆斯解释:一个东西可以同时既在前面,又在后面。詹姆斯表示不能理解,于是丹尼斯在圆桌旁边给爸爸演示:"假装我们现在绕着桌子一直走、一直走——现在你在前面,我在后面——然后我在前面,你在后面。"马修斯发现儿童的这种相对观同亚里士多德的相对逻辑思想极为相似,而且同样的想法在柏拉图的著述中也大量存在。儿童对一切都感到新鲜,对世界充满困惑和问题的特质与"哲学"的特质有着惊人的相似之处,这使得我们很容易把"哲学"和"儿童"联系起来。

(二)绘本与儿童心理特点更具契合优势

心理学大师理查德·E.梅耶教授(Richard E.Mayer)在《应用学习科学》中提出了学习科学的三条原理,其中的"双重通道原理"谈到:人拥有两个单独的信息加工通道,即用于加工言语材料的言语通道和用于加工图示材料的视觉通道。艾伦·帕维奥(Allan Paivio)在1971年发表的经典著作《图示加工与言语加工》中,对此进行了研究和解释:当人接收到一个具体的单词(例如树木)信息时,可以通过言语和图示对其进行编码(通过构建树的心理意象);当人接收到一个抽象的单词信息时,言语编码不困难但图示编码却很难。依据帕维奥的双重编码理论,人们运用两种编码构建新信息的心理表征,比只用一种编码的效果要好,而且与以言语编码呈现的信息相比,人们更容易记住以图示编码呈现的信息(又称"图优效应")。

实验心理学家赤瑞特拉(Treicher)做过两个著名的心理实验,其中一个就是关于人类获取信息的来源。他通过大量的实验证实:人类获取的信息83%来自视觉,11%来自听觉,这两个加起来就有94%。他还做了另一个实验,是关于知识保持,即记忆持久性的实验。结果是:人们一般能记住自己阅读内容的10%,自己听到内容的20%,自己看到内容的30%,自己听到和看到内容的50%。图像相对于文字或者其他抽象符号具有不可比拟的优势,它能优先唤起人们视觉神经的感知,并使人们保持长时间的记忆。在文本认知之前呈现图片对先验知识较少的学生的学习更有益。与此类似,在处理文本信息之前阅读图片可以提高低先验知识的学生的理解水平。绘本是以"图"为主,主要以视觉作为媒介形式,有时又是视觉与听觉的完美结合,而且儿童从幼龄学习起步就接触图示,对"图"的认知有绝对的经验优势。所以,对儿童来说,绘本与其心理特点更契合。

(三) 儿童哲学与绘本结合更具课程开发的教育教学意义

最优化教学理论研究表明,在一定的教学条件下寻求合理的教学方案,使教师和学生花最少的时间和精力获得最好的教学效果,使学生获得最好的发展。绘本作为一种由图画文本和文字文本共同构成的图文并重的书籍形式,特别强调文与图的内在关系,起到了很好的图与文转化的"桥梁"作用。以"图"为主的绘本更为直观生动,低龄学生更容易理解图画所传递的信息,绘本在儿童的阅读兴趣、记忆持久性、想象力发展、思维和语言能力发展、社会化发展、健康人格塑造等方面发挥着积极的作用。由此可以看出，儿童哲学绘本教育课程的开发与实施会使学生获得更好的养成效果。

儿童哲学的内涵可以有广义、中义及狭义之分，包括以培养儿童的思考技能和养成思维习惯为目标的狭义儿童哲学、以提升儿童的整体哲学质素为目标的中义儿童哲学以及研究儿童整个精神世界的广义儿童哲学。本课题"儿童哲学绘本"中的"儿童哲学"，指向其狭义的内涵。

三、课题研究的成果

（一）生命化教育班会课程的开发

"儿童哲学绘本课程研究"课题组在前期广泛调研各位学生、教师、家长以及其他社会组织意见的基础上，着手编撰了一本《依托儿童哲学绘本，开发生命化教育班会课程的实践研究》的校本课程教材，一方面是总结本次项目开展的成功经验，另一方面也希望将更好的儿童绘本哲学教育理念和方法传播出去。我们的教师一贯秉持这样的教育理念——做有深度的教育，这不仅是对自己的学生要教得深、教得透彻，还要让教育成果由大家共享。

（二）以"大课堂"为载体的教育活动设计与实施

"儿童哲学绘本课程研究"的行动研究过程中，结合学校教情，强化了"基于目标教学的教学设计"，强调了绘本在教学中的价值作用，在教育科研集体智慧的努力下，越来越多地呈现出优质教学课堂的效果。通过提炼总结，逐步形成了清晰实用的优质课堂教学标准和技术要求，也为全校课堂教学方式的改革提供了优秀范例。融入儿童哲学绘本的教学课堂契合了国家育人方式变革的要求，提高了面向儿童的教育教学效率，为基层学校课程与教学改革开辟了新途径。

在以绘本为载体的儿童哲学教育中，我们教授给学生们适龄且适配文化学科的方法论，并开发了"大课堂"用以辅助教学。所谓的"大课堂"，重点在于融合多学科。"大课堂"将原有的单一课程,如语文课、音乐课、美术课等进行融合,更好地让知识教授的过程变得轻松,让学生掌握的程度更高。比如,原先在低年级语文课程的看图写话任务中,有学生无话可写,一询问才知原因多样,"忘记了小鸟怎么叫""没见过花朵的绽放""不知道蚂蚁怎么爬",等等。为此,我们特意研究并开发了"大课堂",由不同学科教师围绕同一主题,在满足自己教学任务的情况下做到学科融合。

举例来说,由语文教师先行开展对大自然的看图写话的总体布置,讲述接下来户外探究的相关重点,让学生们着重观察和学习。接着由美术教师带领学生前往户外进行简笔绘画学习,同时语文教师作为助教对与语文课程相关的学习内容进行辅助。在完成简笔绘画后,由音乐教师借助环境中的自然声音引入音乐教学。最后再回到看"大自然"写话。这样的课程一改原有的单线活动,从一元到多元,从空想到互动,从平面到立体,学生们的感官被最大程度地调动起来,专注度也随着此类新鲜的模式而自然地提高,最终的教学效果也十分喜人。在儿童哲学引领下的新课程融合模式中,教师们不再各自为营,而是互相把难点抛出来讨论,并得到语文问题的美术解、数学问题的音乐解、体育问题的英语解等。

当然,从单一角度来看,这种融合效果也很突出。学生们知道了读万卷书行万里路的重要性,会从日常的细节出发留心注意,不再畏惧写作。语文教师们也普遍反映,在写作教学中更加得心应手。同时牵丝连带的,就是对自然世界的探究,学生们最初是带着任务学,多少有些不情愿,现在是主动学习,主动亲近大自然去体悟,他们开阔了观察视角,丰富了想象素材,增长了自然科学本领。带来的蝴蝶效应就是对艺术的探究,从写真到写意,从蝉鸣鸟叫到音乐篇章。我们希望成为打开学生们自我探索世界大门的辅助者、旁观者、引导者,让学生们在一次次自主探究中追寻知识和智慧的成果,一次次推进德智体美劳的全面发展。

（三）巩固家校联系，促进了亲子关系

绘本之于课程的重要性前文已经论述，但是绘本教育不能局限于课堂，也要延展到家庭。在新冠疫情期间的线上教学中，家长的督促对学生们掌握知识有着至关重要的作用，而同时学生们也会把作为"监督者"的家长置于自己的对立面。所以我们倡议并发起了"家庭绘本坊"项目，让学生们和家长一起选择绘本，一起阅读感悟，在欢快轻松的氛围中增进亲子感情。用绘本内容指导学生感谢家长，反思自己的不足，也让家长学习到怎样做一个更好的引导者。我们也鼓励扩大"家庭绘本坊"，让学生们与同班或者同小区的朋友们一起分享学习，这也带动了学生们交换学习资料的新热潮，学生们在分享的同时也收获了亲子融洽、朋友亲密无间、知识增长的结果。"学而不思则罔，思而不学则殆"，我们也开创性地举办"家长微课堂"活动，引导家长们过一把"老师瘾"。邀请家长们事先选取并研读合适的绘本教材，在课题组导师的帮助下向学生们授课。此项活动也着实在家长圈中引起非同一般的反响，家长们无不称赞学校的匠心独运。同时我们也知道"三人行必有我师"的道理，让学生们主动报名，组建"小先生"课堂，转变角色成为"小老师"，把自己从绘本中学到的知识和绘本学习的心得体会分享给同学们，这就再一次增加了学生们学习的热情，也巩固了他们对知识的掌握，更为教师教学提供了新的思路。

（四）调动社会资源助力课程开发

"得道者多助"，本次项目的开展本就是对当前儿童哲学教育的一次有益实践。作为一所乡村学校，我校能力有限，为此我们联合"沃岭"公益组织打造绘本课程，从而有效弥补学校教育模式相较于社会组织教育所存在的不足。

自然我们也需要站在巨人的肩膀上，十分感谢华东师范大学教育学部专家古秀蓉老师来本校开展指导讲座，提示我们在项目推进过程中以及课堂实践中可能出现的问题和解决之道。古老师的指导为我校开展绘本儿

哲学教育奠定了思想之基,我们也实现了从手忙脚乱到有条不紊的质的飞跃。

课题研究依靠数据,有数据作为支撑既能让方案修正有方向,也能让实践结果更可靠,更能让问题有突破点。而华东师范大学心理与认知科学学院刘俊升教授团队如及时雨般,为本次活动的数据收集、分析、加工保驾护航。多方社会资源的统筹协作,不仅让我们收获了本课题的胜利果实,也证明了多资源协同在儿童绘本哲学教育中的重要性。

(五)促进教师专业成长

"儿童哲学生命教育实践研究"的研究实施以来,经过教研教学行动实践、专家入校指导、对外教学交流等活动,教师的理念有了较大转变,多数教师真心认同儿童哲学绘本教学的核心理念,认可儿童哲学绘本在学生阅读兴趣、记忆持久性、想象力发展、思维和语言能力发展、社会化发展、健康人格塑造、生死观念等具有生命教育特征的教学实践上发挥的积极作用。课改中难能可贵的是,理念引领下教师的教学行为的转变促成了学生在课堂上积极参与、踊跃展示、大胆质疑、主动探究,以儿童哲学思维实施的生命教育在课堂教学的各个环节得到有效的贯彻落实,把"教"转向"学"有了有效的切入点。

从课题组整体来说,各位教师多了一重身份——儿童哲学导师。这也要求教师们更加注重自己的日常德行,"文为世范,行为士则"。学生们学习哲学,学的是"爱智慧",那作为引航灯塔的导师,更需要涉猎广博、充实所学,学高为师,身正为范。导师们多了一项荣耀,更多了一份责任。

从青年教师的成长来说,青年教师需边学边教。学无止境,青年教师一方面经验不足,另一方面需要勇立时代潮头,把握好新事物,并有机提炼,为我所用。他们需要学习的不仅是本职学科教学内容,也要学习能帮助学生成长的方方面面社会知识。关于这一点,我校青年教师结合当前国家禁毒方略和宣传侧重要求,融合儿童绘本哲学教育和以往经验,能动性地开发出了贯穿一到五年级的系统性禁毒教育课程。为了保护学生们更好的明天，为了国家禁毒事业有序推进，青年教师们可谓煞费苦心。正是由于青年一代的努力，我校的禁毒教育深受主管部门好评，也收获了不小的社会支持。我校桂丽晨、端倪两位青年教师分别获得上海市青椒第二课堂小学组和初中组一等奖荣誉，其中桂丽晨老师还代表上海市征战全国青椒禁毒教育的比赛，获得"禁毒明星教师"称号。这一项项荣誉的背后，都展示着我校教师的辛勤努力以及学校对学生们教育工作的重视，我们期待本项目指导下的绘本儿童哲学教育，将为本校师生开辟更好的明天。

从班主任的成长来说，班级工作开展得更有序，意味着越来越多的教师愿意参与到班级管理工作中来。大家都知道班主任不好当，对这一岗位唯恐避之不及。可是我校的班主任工作却在本次项目实施过程中迎来了新的春天。借助儿童绘本哲学的教育，学生们体会到师长的不易，家长也会向学生们讲解班主任的辛苦，所以学生们的心境慢慢发生了变化，班级工作的开展逐渐顺利。另外，班主任通过校内教师分享会和校外专家学者的交流会掌握了多种多样的班级工作技巧，用新的理论成果和实践经验来治学管班，其器利则事善矣。而最大的进步就是不少教师提出了担任班主任的申请，他们愿意去尝试管理班级的工作，或是丰富教学体验，或是展现管班才能，这种踊跃承担班主任工作的局面为我校班级工作开创了新的局面。

（六）对学生德智体美劳的全面提升

实施融入"儿童哲学绘本"理念的教学设计，拉近了教师与学生的距离。绘本的引入让学生不陌生、不排斥，更容易引发学生的注意，调动学生的情感，尤其是对图形认知敏感期的儿童而言，减轻了他们的学习压力，提高了他们的学习效果，提升了他们在学习上的获得感、满足感。在教学中应用合作学习的方式，通过交流讲解让学生参与助学助教，用"输出倒逼输入"，实现学生主动参与下的深度学习。

孔子提出"礼、乐、射、御、书、数"六艺来品评学子，新时代我们对青少年的成长则提出了"德智体美劳"全面发展的要求。儿童绘本哲学教育,看似是对"智"方面的要求,其实质是全面发展的方法论指导。我们不敢妄言本次课题研究能帮助学生们提高多少成绩,但是敢说在学生们的心间埋下了能开出社会主义核心价值观的"三观之花"的种子。

不久前,搜狐、网易、新浪和"学习强国"等各大媒体平台报道了我校柏小同学的先进事迹,原因是该学生在放学路上主动捡拾垃圾并分类投放。尔后才知道他是一直都在坚持这么做,一是为保护环境贡献自己的力量,二是看到环卫工人的辛劳,三是源于家长的言传身教,他的家长不仅是我校"家长微课堂"的授课家长,也是社区"绘本亲子阅读坊"的坚定支持者。据班主任周蓓老师介绍,柏小同学平时学习踏实认真,品学兼优,乐于助人,真诚友善,有很强的集体荣誉感,运动会上还经常为班级争光。柏小同学的行为值得每一位三灶学子学习,当然我们也相信本次的绘本儿童哲学教育,会让我校更多的学生在社会上展示出三灶学子的风采,少年当立鸿鹄志,立始足下至千里。

我校学生在本次儿童哲学绘本教育课程项目指引下也收获颇丰,其奖项等级从区到市,全国性的也不在少数,全球赛事亦在囊中,内容涵盖写作、音乐、美术、科学等多方面多层次。比如,我校在浦东新区"诵读中国"经典诵读大赛中获优秀奖,在区中小学艺术单项比赛声乐比赛、第36届上海市青少年科技创新大赛、全球DI思维训练等大赛中崭露头角,取得了不少奖项。

四、课题研究的方法与过程

(一)课题研究的方法

"儿童哲学绘本课程研究"以儿童绘本为载体,旨在发展我校学生的思维能力、学习能力,培养其主动思考、独立思考的习惯,让他们学会提问、倾听、思考、表达、选择,最终建构对生命和世界的正确认知;儿童哲学注重提升儿童的"哲学思考"和发现问题、提出问题、分析问题、解决问题的能力,实现对自我和社会问题的正确思考和判断,促使儿童在情感、态度、价值观上的变化,特别是世界观的发展变化,最终实现儿童在认知和解惑释疑能力方面的改变。由此可见,儿童思维品质的转变和提高在其发展过程中的重要价值。面对当前的教育改革要求和我校教学实际,"儿童哲学绘本课程研究"目标的确立还需要聚焦如下几点:课程目标与课改理念相结合、课程目标与学校办学目标相结合、课程目标与课程特点相结合、课程目标与学生现状相结合、课程目标与学生发展相结合。为此,我们确立了"儿童哲学绘本课程研究"的课题总体目标:培养学生的批判性思维、创造性思维、关爱式思维及合作式思维能力和品质(即 P4C),引发学生思考,开发学生智力。具体包括:

批判性(审辨性)思维(critical thinking):注重开发学生必要的判断、推理和决策能力,质疑、多角度思考不同观点的意识。如能思考自己为何这样想这样做、别人为何这样想这样做,对遇到的问题进行多角度审辨等。

创造性思维(creative thinking):注重培养学生的发散思维、逻辑思维、好奇心,保护好学生的直觉思维。如对遇到的问题能否进行原创性思考,能否创造出属于自己的东西。

关爱式思维(care thinking):重视培养学生的欣赏思维、情感思维、动作思维和移情思维。如能否理解他人的处境;向他人言行输出时,能否顾及对方的感受;是否具有援助他人的言行。

合作式思维(cooperative thinking):培养学生重视事情积极的一面,重视解决问题的补充性、依赖性,注重交流沟通、承诺、共同目的、多样性等因素的价值作用。如能否与他人友好合作、共享思想成果,是否具备协商达成共识的能力。

结合不同年级的学情,我们以"生命"为主线制定了儿童哲学教育课程不同年级的课程方向,构建了养成性课程目标。

1. 一年级,生命的起源——认识自己,悦纳自己

开展生命认知。通过绘本结合教学,培养学生对人之诞生、成长、发展,对自然之起源、演变的初步认知,开展"生"之灵动的生命体验,初步养成对生命的爱、敬、畏、惜的涵养。

2. 二年级,生命的成长——教养规则,人际交往

引导融入社会。注重学生的社会性培养,关注学生与周围人交往能力的养成,帮助学生建立良好的人际关系。通过绘本,引导学生了解和尊重自己与别人的思想感情及意向,控制自身行为,逐步适应社会生活要求,学习在社会生活中必须遵循的社会行为准则,初步养成遵守规则、悦纳他人的意识。

3. 三年级,生命的高峰——责任担当,关注自然

勇于社会担当。注重责任意识、担当勇气的培养,发挥绘本的教育引导作用,强调"自己能做的事情自己做""做什么事情需要承担什么样的后果",对自己的行为负责,勇于承担自己的行为带来的不良后果,初步养成正视自我、自立自强的品质。引导学生亲近自然,热爱自然,尊重自然规律,培养和提高学生的环保意识。

4. 四年级,生命的衰弱——关爱弱者,感恩他人

实施感恩教育。注重案例引导和教学渗透,强调唇亡齿寒的道理和感恩的示范性作用,通过绘本在识恩、知恩、感恩、报恩、施恩上增强意识,在自主自强培养个人能力上强化实践,在孝道传统、民俗习惯、重大节日上抓住契机,逐步培养学生识恩、知恩、感恩、报恩、施恩的意识。

5. 五年级,生命的死亡——直面死亡,坦然接受

坦然面对死亡。注重生命科学、生命规律的认知,知道并且接纳生命的有始有终,敬畏生命并直面死亡,通过绘本,结合节日或物件让学生理解死亡,引导学生正确表达情绪,坦诚流露感情,关爱自己的身体,尊重他人的生命。

在行动研究的过程中我们重点围绕以下原则展开：

1. 提问与讨论结合的原则

探究是从问题开始，因此儿童哲学绘本课程设计注重培育学生发现问题、提出问题的能力和习惯，将课堂的讨论权交给学生。教师所提问题尽可能建立在学生最近的发展区，具备一定的开放性，有助于学生对问题的发现、提出、分析、解决。教师需要掌握诱发问题的情景设计的针对性、生成性和适度性，把握引导的恰当时机（如学生有困惑时、对话陷入停滞时、思维僵化时），讲究方法和策略（如直接诱导、无中生有、故唱反调、由此及彼等），并适时地开展学习共同体的讨论，从而激发学生的观察力、发展学生的审辨力、提高学生的创造力。

2. 理智与情感整合的原则

在融入儿童哲学的课堂中，既需要训练学生的审辨、表达和合作、创造的能力，也应该关注并发展学生的情感，使学生在探究的过程中获得理智和情感的双重愉悦。可以充分利用绘本信息的启发，鼓励学生分享自己的生活故事、畅谈自己的真实体验，关注学生年龄特点，合理引导学生的态度、方法和情感。

3. 总体与具体统筹的原则

融入儿童哲学的教学，教师运用生活情境和具体活动创设一个个动态、开放、合作的学习过程，从而助力学生的学习，帮助其形成正确的世界观和方法论。在教学设计过程中，要根据儿童哲学课程的总目标，针对学生的认知结构、能力水平、生活阅历和兴趣习惯等，分别对低、中、高不同年龄段的学生，实施子目标下不同主题的儿童哲学绘本教学。

4. "P4C"贯穿全程的原则

以儿童绘本为载体的教学，要把培养我校学生具有 P4C 思维能力和思维品质的要求贯穿于小学学程的始终，真正落实好养成目标，切实发挥好"儿童哲学绘本课程"的价值和作用。

研究过程中我们主要采取了以下研究方法：

1. 文献研究法

根据本课题的研究方向和目标，通过调查文献资料，借鉴了前人研究的成就和经验，获得了理论支持，拓宽了研究思路，开阔了研究视野。课题的行动研究过程中，我们先后召集课改团队召开文献学习讨论会议 6 次，撰写学习心得 12 篇，召开交流汇报会 6 次，切实保证了课题研究团队思想的统一和研究方向、策略、方法的正确。

2. 行动研究法

课题研究过程中我们把相关理论与教学实践相结合，边实践边研究，通过带着课题任务的课题团队成员在具体教学中的问题发现、资料收集、合作探讨、总结反省、问题解决，逐步实现了"儿童哲学绘本课程研究"从课程目标的制订、阅读主题的确定、绘本的选用到融入教学的相关内容的提炼、积累、完善。

3. 访谈法

在整个课题研究过程中，聚焦遇到的某一特定问题，对相关教师、学生、家长开展座谈、访谈，追寻问题起源，商讨解决问题的方法，完善研究内容，反思研究成果。课题研究过程中我们先后访谈教师、学生、家长共计 240 人次，解决课题研究中遇到的问题 30 条。

4. 观察法

课题研究团队采用非参与式观察，观课评课、教学反思，借助观看教学录像、查阅课堂实录等观察方法，根据课题研究的目的和观察表，收集和分析研究所需的资料，发现问题，及时研究调整课题相关内容。

(二) 课题研究的过程

1. 2021 年 3—5 月

成立课题组，进行小组分工，收集和分析相关文献资料并由团队一致审定。在完成资料采集后，由全团队研讨确定研究方案，明确研究的内容、方法、原则和策略。

在课题组的统领下,任课教师全员参与了"儿童哲学绘本课程"的开发。教师们结合前期实践经验初步完成了各主题相关绘本的选定,将选定的绘本改编后进一步有机地融入教学实践。课题研究过程中我们还按照上级要求和我校教学实际对选定的绘本进行校本化融合和改造,编制了"儿童哲学绘本课程"学习辅导材料,提高了课程实施中指导材料的质量,保证了课程实施的有效性。

2. 2021年5月—2022年12月

聘请专家指导课程的开发与完善。根据所确定的主题(见表1)制定不同年级的课程目标,确定课程实施方案。通过集体备课,完成教学设计,各年级分头开展课堂实践活动,落实行动研究要求,撰写活动反思及工作体会。集中研讨解决课堂实践中遇到的困难和问题,对编制的课程及相关资料、实施方案修订完善,完成了课题中期总结工作。

表1 各年级阅读主题

年级	主题	目标	推荐书目
一年级	生命的起源	认识自己,悦纳自己	《小威向前冲》《我是女孩 我弟弟是男孩》《我宝贵的身体》
二年级	生命的成长	教养规则,人际交往	《别想欺负我》《我有友情要出租》《是谁送的呢》
三年级	生命的高峰	责任担当,关注自然	《动物绝对不应该穿衣服》《喂,小蚂蚁》《妖怪山》
四年级	生命的衰弱	关心长辈,感恩教育	《外婆变成了老娃娃》《爱心树》《猜猜我有多爱你》
五年级	生命的死亡	直面死亡,坦然接受	《活了一百万次的猫》《獾的礼物》《爷爷变成了幽灵》

本课程在学校小学阶段实施,采用了校内授课与校外探究相结合的形式。校内以学校的班会课为主线、以学生绘本阅读课程为载体,以"家长微课堂"辅之;校外以社区沙龙和"沃岭"助学为载体开展活动,是课程实施的补充与提高。

与之配套的,我们制定了一系列教学明细和学生评价表(限于篇幅,仅展示一、五年级,见表2、表3)、课堂教学评价表(见表4),做好实施阶段的数据采集(数据也不仅限于学生,还包括授课教师)。

表2 "儿童哲学与绘本阅读课"学生评价表(一年级)

班级　　　　　　　　　姓名　　　　　　　　时间

评价内容	评价指数(最高五颗星)
我思考并了解了生命的起源	☆☆☆☆☆
我积极举手并大胆发言	☆☆☆☆☆
我积极参与讨论并倾听他人	☆☆☆☆☆
我很喜欢本堂课	☆☆☆☆☆
同伴评价	☆☆☆☆☆

表3 "儿童哲学与绘本阅读课"学生评价表(五年级)

班级　　　　　　　　　姓名　　　　　　　　时间

评价内容	评价指数(最高五颗星)
我思考并知道了什么是死亡	☆☆☆☆☆
我积极举手并大胆发言	☆☆☆☆☆
我积极参与讨论并倾听他人	☆☆☆☆☆
我很喜欢这堂课	☆☆☆☆☆

表 4 "儿童哲学与绘本阅读课"课堂教学评价表

班级：　　　　　　执教者：　　　　　　时间：

项目	序号	评价指标	评价等第			
			A	B	C	D
教师的教	1	教学目的				
	2	教学内容				
	3	教学过程和方法				
	4	教学基本素养				
	5	教学即时效果				
学生的学	6	主动参与程度				
	7	思维活跃程度				
	8	同伴合作				
	9	学习效果				
精彩瞬间						

评价人：

3. 2022 年 12 月—2023 年 2 月

这一阶段，我们重点引导和培训家长参与课程实施，让家长成为课程实施的生力军。通过教师与家长、家长与学生的互动，教师、学生、家长形成了课程实施合力。在课程的具体实施中，我们适时召开家长座谈会、开展面向家长的访谈活动，收集家长的意见建议，进一步补充完善了课程。这一阶段，我们还开展了后期的总结和改进。召开课题小组成员结题工作交流会，完成课题组最后总结，形成并撰写了结题报告。

五、对课题研究的反思

通过对两年来开展的"儿童哲学绘本课程研究"进行总结，可以发现，儿童哲学绘本教育课程的实施对学生具有较高的教育养成价值和教学辅助价值。

(一)课题研究的价值

1. 儿童哲学绘本教育课程培养了我校学生的"P4C"思维能力和思维品质

面对信息多元的成长环境,绘本将简短的文字和有趣的图片结合在一起,更能有效地调动学生的学习兴趣,可以在潜移默化中实现学生的养成与发展。从我们收集的课堂反馈来看,学生在学习结束后都对绘本课程作出了较高评价,他们很喜欢这种融入绘本的课堂,同时又有"我学到了……的知识"的回应。喜欢课堂是知识传授的第一环,每位一线教师都能感受到教室的欢快氛围提升了教学效果。

教师们有针对性地对部分学生进行跟进观察后,发现了以下三个方面的变化:一是学生们开始在学校和家庭中,变得更愿意沟通。有教师反馈,明显感受到班级里的学生在趋向于"爱智慧""爱思考""爱发问""爱交流",上课更加活跃,家庭更加融洽,而且学生在教师和家长间的联系沟通中发挥的作用越来越大。二是他们更愿意亲近自然,观察自然,更善于用探究者的视角去发现、交流和分享。三是学生的语言和文字组织能力明显提高,P4C能力和品质、情商、智商得到明显改善。

2. 儿童哲学绘本教育课程提升了教师的专业能力

绘本课程与传统学科的教学不同,它要求教师从哲学的视角,引导学生针对学习绘本从多种角度进行探究,使课堂由"教"转向"学",由"灌输"走向"生成"。对此,我们邀请华东师范大学专家教授开展培训、指导集体备课、开展教学设计、进行课例研究,不断总结、完善课堂实践策略,同步提高了教师引领和驾驭课堂的能力,为我校正在进行的课程与教学改革提供了范例。

3. 儿童哲学绘本教育课程推动了家校共育,丰富了家庭教育资源

在课题研究中,我校结合日常开展的"家长微课堂"活动,鼓励和支持部分家长走进绘本阅读课堂,组织开办家庭儿童绘本阅读沙龙,开展家长与子女绘本共读活动,通过"以内引外、以点带面"的推进方式,在校园、家庭形成了绘本课程实施的多样化。绘本,将学校与学生家庭、教师与学生、家长与学生、教师与家长密切关联起来,特别是家长与学生在绘本共读中产生共情,在共情中引发教育,促进了家庭教育的有效开展,引发了家长对儿童哲学绘本课程的进一步关注、认可和赞同,推动了家校共育,一个良性互动的家庭关系、家校关系愈发紧密。

举两个印象深刻的例子。某位学生的家长曾和我校教师电话沟通了近一小时,以此感谢学校对孩子性教育的普及。这位家长表示,社会上发生过各类性侵未成年人的案件,以及自己也有过类似的经历,其一度困惑于如何和孩子普及以及如何掌握好度,为此焦虑不堪。在接孩子放学途中听到孩子在碎碎念,深入了解后才知道是学校的新课程,解决了自己长久以来的困扰。所以其特意拨通了班主任的电话表示感谢,也说出了自己对课程的看法。

另一位家长向教师表示,作为外来务工人员,本来就因过于繁忙而缺少对孩子的关爱,但是孩子们现在会主动要求家长放下手机,把家长本来刷抖音、看电视的时间变为家庭互动时间,和家长一起看绘本,一起分享学校的学习,也会主动关心父母的辛苦。这也让他深深认识到回归家庭的重要,一切为了孩子更好的将来。

(二) 存在的问题

1. 儿童哲学绘本教育课程教学实践经验不足,课堂教学的有效性有待进一步提高

从听课记录以及教师的反馈来看,对于儿童哲学绘本教育课程引领下的新教学方式,教师的经验还不足,摒弃传统教学方式还需要一个渐进的过程。比如,教师对绘本内容把握不全面,对学情把握不到位,不敢放手让学生自主学习,学习小组的作用发挥不够,教学节奏处理不当,引发学生思考的时间给得不足,等等。需要在下一步教学研究与实践中通过有效的集体备课和教学设计予以改善,通过不断的教学实践总结经验。

2. 绘本选用和学本化改造不足,需要学校通过不断提升教育科研能力来支撑

校本课程是国家课程的补充,在儿童哲学绘本课程的绘本选用中落实好国家要求,做好相关学本化改造、课程化管理很有必要。如何使儿童哲学课程的绘本更好地支持和补充国家课程的落实,既需要教师对国家课程标准和教材有深入、正确的认识理解和把握,还需要在绘本的选用中做好绘本与国家课程的对接和融合,做好面向学生的适性取舍,这需要学校通过不断提升教育科研能力来支撑。

3. 把"教"转向"学","让学生成为课堂的主人"的理念,还需要通过教学改革来完善

儿童哲学绘本课程,其本意在于引发学生在"惊异与困惑"中感知、思考、发问,需要给予学生更多的学习自主权。这更需要教师转变自己的课堂角色,从讲授者转变为引领者、助学者,真正转变教学方式。人的感官会给大脑提供不同的感受,教师在引导时给学生用心观看绘本配置恰当的时间,并设计有效的学生交流输出方式,相信他们会更加乐在其中,效果会更好。教师转变传统教学理念,从传统教学方式向现代教学方式转变还需要通过教学改革来实现。

(三) 优化的方向

1. 严格把握好绘本选择

本课题是以绘本为基础开展的,确保绘本教材健康积极,杜绝类似"毒教材"的出现。绘本的选择,内容上要符合我国一贯政治主张,要适合不同阶段学生的成长;材料上要讲究环保绿色无害,以学生身心健康为第一要务。后期我们也会从当前国外绘本较多的局面入手,一方面寻找适合我国教育的优秀绘本,另一方面也组织教师开展自主绘本制作,挖掘就近资源,让爱党教育、爱国主义教育等深入学生心田。

2. 教师仍需要不断学习

本次课题开展以来,不少教师都感受到了新的挑战,作为人类灵魂的工程师,小学教师更是承担着党和人民寄予的为祖国花朵扣好人生第一粒扣子的厚望。我们将以此为契机,做好自上而下的学习与反思,通过各类本校听课交流、外校研讨、邀请专家学者举办讲座等方式拓宽备课思路,打磨课堂技术。孔子言,"学而不思则罔,思而不学则殆",要思学合一,同时也要做到知行合一。

3. 开创家校沟通的新境界

家庭教育是孩子成长的重要一环,本次课题的实施也让我们看到了家长的积极性,也见证了家庭教育对于学校教育的助益。未来,我们将尽可能打通一切家校沟通渠道,让学生、家长、教师、学校四元互动。由于本校的特殊性,地处农村且外来务工人员子女较多,很长一段时间里都存在一定的教师、家长沟通壁垒。正是通过这次的课题,教师们知道了当前还是有很多家长关心孩子成长,外来务工人员对子女的教育更是异常重视,教师们不再"孤军奋战",家长们也明白了学校和教师的苦心,我们的教师都在用心做教育,我们的学校更是把学生放在第一的位置。我们相信通过此课题研究的契机,可以在原有的沟通渠道上,做到"百尺竿头,更进一步"。

六、致谢

值此课题顺利结题之际,特别要感谢参与研究的所有教师和课题组同伴,也要感谢浦东新区教育发展研究院教育科研研究员张娜教师,同时非常感谢支持研究的华东师范大学刘俊升教授团队的指导和帮助,更要感谢我校的学生和家长对课题实施的大力支持和无私帮助。

运用儿童哲学创新实施小学班会课的探索

摘要: 本研究旨在探讨在"大思政课"背景下,采用儿童哲学方式开展小学班会课的可能性途径。通过文献综述和实证研究方法,分析了小学班会课和儿童哲学的概念、特点及相关研究,并提出了用儿童哲学方式开展小学班会课的可能性。研究结果显示,采用儿童哲学方式可以促进学生思辨能力、价值观培养和民主意识的发展。但是,我们依然面临着通过这种方法实施所必须克服的一些困难,这需要更多的研究和试验。

关键词: 小学班会课　儿童哲学　思辨能力　三观培养

在党的二十大报告中,教育被明确强调为党和国家的重大战略,围绕"培养什么人、怎样培养人、为谁培养人"这个中心议题进行讨论。为了全面动员社会各方面力量和资源,推动"大思政课"的深入建设,教育部与另外九个部门联合出台了《全面推进"大思政课"建设的工作方案》。这个计划明确了构建"大课堂"、建立"大平台"、培养"大师资"的详细规定,旨在为思政课程的改革和发展提供坚实的基础和广阔的空间。随后出台的《关于全面深化课程改革落实立德树人根本任务的意见》为我们指明了课程改革的新路径,着重指出了思政课程在提升学生道德素质和品格方面承担的关键角色。此外,《关于新时代加强和改进思想政治工作的意见》为加强学校思想政治工作提供了明确的指导思想、基本原则和主要任务。

在这一教育改革的大背景下,儿童哲学课程与小学班会课作为教育领域内的重要组成部分,展现出了它们之间紧密的联系和互补性。鉴于此,本文旨在从"大思政课"的视角出发,探索如何将儿童哲学的理念和方法创新性地融入小学班会课中,以实现教育模式的创新和育人质量的提升。通过这种整合实践,我们期望能够构建一个更加有效的育人新模式,为学生的全面发展奠定坚实的基础。

在《简明教育大辞典》中,"班会"被解释为围绕着"一个明确的主题"进行的集体性活动,也就是所谓的"主题班会"。在小学教育的范畴内,班会课特指为全班学生设计的集体活动形式,它是学校在固定时间组织的、内容固定的集体教育活动,目的在于促进学生心理品质的积极发展和全面素质的提升。按照新修订的《义务教育课程方案和课程标准(2022年版)》的要求,教学内容的设计应以培养学生的综合素质作为核心导向,专注于塑造学生的良好价值观、必备的品格素质以及重要的技能。班会课在课程体系中占据重要的地位,其设计和内容务必契合相应的教育目的。《中小学班主任工作规定》明确了班主任负责在班会课上对学生进行日常思想道德教育。

随着教育改革的不断深入及思政课程改革的持续推进,如何有效开展小学班会课已经成为教育界专业人士和研究者广泛关注的焦点。传统的班会课多侧重于知识的灌输和纪律的维护,而在互动交流与思辨探讨方面则显得不足,这限制了学生学习兴趣和创造力的激发。鉴于此,探求班会课教学方式的创新与改进,已成为教育发展的必然趋势。

一、对传统班会课教学方式存在问题的分析

传统的班会课教学方式存在一些问题,需要寻找更有效的方式来促进学生的综合发展和成长。以下是一些传统的班会课教学方式存在的问题。

(一)学生参与度不高

传统的班会课通常是教师单向传授知识,学生被动接受。例如,在一堂以历史事件为主题的班会课上,教师只是简单地讲解该事件的背景和发生过程,而学生只需要听讲或记笔记。这种教学方式容易使学生失去听讲的兴趣和参与的积极性。

(二) 学生思维能力发展有限

传统班会课注重知识灌输,而忽视了培养学生的思维能力和创造力。现今社会,单一的教学手段已无法适应培养学生全面素质的需求。例如,在一堂以爱国作家为主题的班会课上,教师只是讲解该作家文学作品的背景和故事情节,学生们只需要理解和记忆,很少有机会进行深入的思考和表达个人的见解。

(三) 缺乏互动和合作

传统班会课学生只是被动地接受知识,而缺乏与他人合作、交流和讨论的机会,无法培养学生的团队合作和沟通能力。比如,在一节传统的班会课上,教师讲解完一个知识点后,没有给学生划分小组进行讨论和合作,无法培养学生的合作能力和沟通技巧。学生们只是静静地坐在座位上,缺乏激发兴趣、参与讨论的机会。

(四) 缺乏个性化教育

传统班会课通常是按照统一的教学进度和内容进行,无法满足学生个性化学习的需求。例如,在一堂爱国主义经典诵读课上,教师只是按照课本的内容进行教学,无法满足部分掌握程度较好或对所学内容不感兴趣的学生和需求,也无法给予掌握程度不好的学生更多的时间和帮助。

(五) 缺乏实践和体验

传统班会课主要以教师讲述和学生听讲为主,缺乏学生实践和体验的机会。例如,在以自然科学为主题的班会课上,教师只是演示或讲解实验原理,由于机会不多,学生们难以亲身实验或亲眼观察,因此难以深入理解和实际运用学到的科学知识。

二、儿童哲学在班会课中的运用原因的分析

(一) 儿童哲学的发展及特点

儿童哲学(philosophy for children),起源于 20 世纪 60 年代的美国,由

哥伦比亚大学哲学教授马修·李普曼提出,其核心理念在于通过教育训练计划,引领儿童体验哲学讨论,培养其严谨的逻辑推理能力。与传统哲学不同,儿童哲学并非旨在培养专业哲学家,而是作为一种教学方法,强调与儿童共同进行哲学探索。它不追求严格的教育形式,而是鼓励成人与儿童进行开放式的思维对话,重点在于培养儿童对思考的热爱,专注于儿童思维和学习习惯的培养,特别强调逻辑推理技巧的锻炼。西方儿童哲学发展已十分成熟,为各年龄段学子设置了哲学探索课程,并且逐渐被国际上众多国家接纳。美国有5000所学校开展儿童哲学教学,欧洲主要国家,如英国、法国、德国、丹麦等也广泛实施儿童哲学课程。

儿童哲学在中国的学术研究和实践推广方面也取得了显著进展。杭州师范大学成立的儿童哲学研究中心,通过举办论坛和校(园)联盟,推动了儿童哲学中国模式的形成与推广。儿童哲学的相关文献近年来增长迅速,引起了学界的重视和广泛讨论。

儿童哲学依托儿童天然的好奇心和思考潜能,通过探讨日常问题来点燃他们的哲学思考和创新火花。在小学班会课中创新实施儿童哲学,通过设计以问题为中心的讨论活动,采用苏格拉底式问答法,让学生学会通过思考和讨论来分析问题、思考解决问题的方法并形成自己的价值观念,培养学生的道德判断和责任意识,为学生的全面发展奠定坚实的基础,为小学教育带来新的活力和深度。

(二)使用儿童哲学的方式开展班会课的原因

1. 培养思辨能力

传统的班会课往往只是简单地传递知识,缺乏互动和思辨的环节。通过班会课引入儿童哲学,可以培养学生的思辨能力、创造力和自主学习的能力。儿童哲学可以帮助学生培养批判性思考、逻辑思维和问题解决能力,提高学生的课堂参与度和学习效果。儿童哲学注重培养学生的思辨能力,通过提出问题、讨论和辩论的方式,激发学生的思维,培养他们独立思考和解决问题的能力。例如,儿童哲学通过提出和解决一系列哲学问题,可以培养学生批判性思维和逻辑推理能力,帮助他们更好地应对各种问题和挑战。可见,使用儿童哲学的方式开展班会课可以增加学生的参与度和学习兴趣。学生通过自由、开放、有趣的讨论和思考,能够积极参与到学习中来,提高学习效果。

2. 提升交流与合作能力

例如,儿童哲学鼓励学生参与讨论和互动,培养他们的沟通和合作能力。在班会课中引入儿童哲学,可以促进学生之间的交流,培养他们的团队合作意识和解决问题的能力。儿童哲学鼓励学生分享自己的观点,尊重他人的意见,倾听和理解他人的观点。通过合作讨论,学生能够建立积极的交流和合作关系,培养团队合作精神。

3. 培养道德价值观

儿童哲学注重培养学生的情感智慧、伦理素养和公民意识,帮助他们成为全面发展的人。儿童哲学关注道德问题和伦理价值观,通过讨论和思考,帮助学生建立正确的价值观念和道德观念。引入儿童哲学可以在班会课中引导学生思考和讨论道德问题,培养他们的道德判断和责任意识。儿童哲学可以帮助学生探索和思考一些重要的价值观和道德问题,如公平、正义、友善等。通过思考这些问题,学生可以建立起正确的价值观和道德意识,促进他们的道德发展。

在班会课中引入儿童哲学可以引导学生思考自己的内心世界和成长过程,促进他们的自我认知和个人成长。儿童哲学鼓励学生思考自己的思维方式、情感和行为,帮助他们更好地认识自己。

(三)使用儿童哲学的方式开展班会课的可能性

1. 学生的适应性较强

儿童天生具有好奇心和思考的欲望,他们面对哲学问题的讨论和思考时,往往会积极参与。因此,学生对于儿童哲学的接受度相对较高,能够积极参与和享受学习过程。

2. 教师的引导与激发

教师能够掌握运用儿童哲学的技巧,这不需要他们有深厚的哲学专业知识,关键在于教师如何引导学生并激发他们的思考。教师可以通过学习儿童哲学的教学方法、技巧和资源,逐步掌握儿童哲学的运用。教师能够掌握如何提出开放性问题、关注学生的观点、组织学生讨论和辩论的技巧。

3. 教师的角色转变

儿童哲学强调学生的主动性和参与度,教师的角色从传授者变为引导者和促进者。教师可以根据学生的年龄和能力水平,选择合适的问题和讨论方式。例如,在以语言为主题的班会课上,教师可以引导学生思考文学作品中的道德问题;在以自然科学为主题的课堂上,教师可以指导学生思考科学伦理和科学方法等。

4. 创建适合儿童哲学的学习环境

为了有效实施儿童哲学,教师需要在课堂上创造积极的学习氛围。这包括为学生提供安全、开放和尊重的环境,鼓励学生发表自己的意见,尊重他们的多样性和独立思考。此外,教师还可以使用具有启发性的学习材料和资源,如故事书、图片、艺术作品等,来激发学生思考和讨论的热情。

5. 持续学习和反思

儿童哲学是一个不断学习和发展的过程。教师需要不断学习和更新自己的知识和技能,并通过反思和交流来提高自己的教学实践技能。参加培训、研讨会或与其他教师的交流都是持续学习和进步的途径。同时,教师还可以从学生的反馈和成长中获得反思和启发,不断改进自己的教学方法和策略。

三、儿童哲学在班会课中运用的方法步骤

在审视了传统班会课教学方式存在的问题后,我们认识到需要一种新的教学模式来激发学生的参与度、思维能力和创造力。儿童哲学作为一种

创新的教学方法,提供了一种可能的解决方案。它通过引导学生进行深入的思考和讨论,来解决传统班会课中存在的问题,如学生参与度不高、思维能力发展有限、缺乏互动和合作、缺乏个性化教育以及缺乏实践和体验。基于这一认识,我们提出了以下步骤,以期在小学班会课中有效地运用儿童哲学。

（一）主题选择

在开展儿童哲学班会课时,首先需要选择一个引人思考和讨论的主题。这个主题应该与儿童的生活经验相关,并能够引发他们的兴趣。例如,可以选择友谊、公平、幸福等主题作为讨论的焦点。

（二）导入话题

为了引起学生的兴趣并激发他们的思考,可以以一个引人入胜的故事、绘本或问题开始班会课。这样的导入方式能引发学生兴趣,促使他们产生情感上的共鸣,并刺激他们的思维活动。

（三）探索问题

在班会课中,需要引导学生提出与主题相关的问题,并鼓励他们分享自己的观点。重要的是给每个学生充分的表达机会,尊重他们的意见。这种方式有助于提升学生的思维和表述水平。

（四）引导讨论

作为班会课的引导者,教师的主要任务是引导讨论而不是给出答案。教师可以促进学生之间的对话和辩论,帮助他们理解不同的观点和想法。通过互相倾听和交流,学生们可以从彼此的观点中获得新的思考和启发。

（五）深入思考

为了让学生更深入地思考主题,教师可以通过提出更具挑战性的问题或情景来引导他们。这样的问题可以帮助学生从不同的角度思考,并鼓励他们提出更深入的问题并找到自己的答案。培养学生的批判性和创造性思维得益于这种深入的思考过程。

(六) 总结和回顾

在班会课结束时,可以对讨论的结果进行总结,并回顾学生们的思考过程和收获。这样的总结和回顾可以帮助学生巩固所学的内容,并思考如何将这些内容应用到日常生活中。反思与实践能增强学生对哲学思维运用与理解的实效性。

通过这些步骤,我们期望能够克服传统班会课的局限,同时发挥儿童哲学在培养学生思辨能力、价值观和民主意识方面的优势。

四、实践案例:友谊

在探讨了儿童哲学在班会课中的运用原因及其方法步骤后,我们选择了"友谊"作为本次实践案例的主题。这一选择基于以下几个重要原因和意义。首先,友谊是儿童社会化过程中的一个核心概念,它与儿童的日常生活和情感体验密切相关。通过探讨友谊,我们可以引导学生深入思考人际关系的价值和意义,这与儿童哲学的核心目标——培养思辨能力和道德价值观——高度契合。其次,情感上,围绕友谊的话题能引发学生的强烈共鸣和主动投入。儿童哲学鼓励学生基于自己的经验和好奇心进行思考,而友谊作为一种普遍的人类情感,为学生提供了丰富的思考素材。再次,选择友谊作为主题还能够促进学生之间的交流与合作,这与上文提到的通过讨论和合作来提升学生能力的方法相一致。通过小组讨论和角色扮演等活动,学生可以在实践中学习如何建立和维护友谊,这有助于提升他们的社交技巧和团队协作能力。最后,友谊相关的内容有助于学生树立正确的价值观和道德观。在班会课中,通过引导学生讨论友谊中的信任、忠诚、支持等道德问题,可以帮助他们建立起积极的人际交往观念,为成为有责任感和同情心的公民打下基础。

基于上述原因和重要意义,我们认为"友谊"是一个理想的实践案例,它不仅能够体现儿童哲学在班会课中的实际应用,还能够有效地促进学生在多方面能力的发展。

以下为具体实施步骤：

（一）主题选择

精心确定本次班会课的主题为"友谊"，确保"友谊"成为学生们集中思考和深入讨论的核心话题。在选择主题时，要考虑到学生们的年龄特点和认知水平，使主题既具有吸引力，又能引发他们的共鸣和兴趣。

（二）导入话题

1. 播放动画短片

精心挑选一部与友谊相关的动画短片，时长适中，内容生动有趣且富有启发性。在播放前，向学生们简要介绍短片的背景和主题，让他们带着期待和思考去观看。播放过程中，要保持安静，让学生们全神贯注地欣赏。

2. 阅读绘本

选择一本适合学生年龄段的关于友谊主题的绘本，要求色彩鲜艳、画面精美，能够吸引学生们的注意力。教师声情并茂地为学生们朗读绘本内容，引导他们观察画面，感受友谊的美好与力量。

3. 提出问题激发思考

在播放完动画短片或读完绘本后，提出一些需要学生深入思考的问题，如"你认为友谊是什么？""你有过什么样的友谊经历？"鼓励学生们积极分享自己的看法和经历。通过交流，他们能更深入地领悟到友谊的本质和重要性。

（三）探索问题

1. 分组讨论

进行分组活动，把学生们分成若干个小团队，每个团队的人数适宜，以保证所有学生都能有参与讨论的机会。如"什么是真正的友谊？""如何与朋友相处？""朋友之间是否总是要意见一致？"等。

2. 分享看法和想法

小组成员逐个分享自己对所选问题的看法和想法,认真倾听其他成员的观点,尊重彼此的差异。在分享过程中,可以鼓励学生们结合自己的实际经历进行阐述,使讨论更加生动和具体。

3. 讨论观点异同

小组成员对彼此的观点进行讨论和分析,比较不同观点之间的异同,找出共同点和分歧点。这种方式旨在提升学生们批判性思维和分析问题的能力。

(四)引导讨论

1. 围绕问题展开讨论

引导学生们围绕之前提出的问题进一步展开讨论,激励他们从多方面审视问题,并贡献自己的独到观点和解决策略。在讨论过程中,要营造积极、开放的氛围,让学生们敢于表达自己的想法。

2. 提出引导性问题

根据讨论的进展情况,适时提出一些引导性的问题,如"你认为友谊的重要性体现在哪些方面?""你可以用什么方法来解决朋友之间的分歧?"帮助学生们深化对友谊的理解,拓宽思维视野。

3. 相互倾听和尊重

强调学生们在讨论中要相互倾听和尊重对方的观点,避免随意打断或批评他人的发言。这样做的目的是让学生们养成良好的沟通与团队协作的能力。

(五)深入思考

1. 思考更深入的问题

引导学生们进一步思考一些关于友谊的深层次问题,如"如何在友谊中保持真实和坦诚?""如果遇到友谊出现问题的情况,你会怎么处理?"鼓励学生们结合自己的生活经验和所学知识进行思考和分析。

2. 分享个人经历

鼓励学生们分享自己在友谊方面的个人经历,包括成功的经验和失败的教训。通过分享,让学生们从他人的经历中汲取智慧和启示。

3. 角色扮演

组织学生们进行角色扮演活动,让他们模拟在友谊中遇到的各种情况,并尝试通过不同的方式解决问题。这种方式能够让学生们更加直观地感受友谊的复杂性和多样性。

(六)总结和回顾

1. 讨论总结

对学生们的讨论进行总结,概括出友谊的重要性和维系友谊的方法。可以将学生们的观点进行梳理和归纳,形成清晰的结论。

2. 回顾思考过程和收获

回顾学生们的思考过程和收获,肯定他们在讨论中表现出的积极态度和创新思维。鼓励学生们将所学知识运用到日常生活中,不断提升自己的人际交往能力和友谊质量。

3. 实践友谊价值观

鼓励学生们思考如何在日常生活中实践友谊的价值观,如关心他人、信任和支持他人等。引导他们从身边小事做起,用实际行动诠释友谊的真谛。

通过这些详细的步骤,班会课将更加有序和有效,有助于学生在"友谊"这一主题上进行深入的思考和讨论,同时培养他们的思辨能力、交流与合作能力以及道德价值观。

五、效果与反思

(一)效果

1. 思维能力提升

通过"友谊"班会课的实践,学生在提出问题、分析问题和寻找解决方案的过程中,思辨和逻辑思维能力显著提高。他们学会了如何从不同角度审视友谊,并能够自主地提出问题和假设。

2. 创造力激发

班会课鼓励学生自由表达对友谊的看法,这样的环境促进了学生创造力和想象力的发展。学生能够构思不同的情景,探讨友谊的多样性和复杂性。

3. 批判性思维培养

在讨论友谊的过程中,学生学会了分析和评估不同的观点,这有助于他们建立批判性思维能力。他们开始理解,对于同一友谊概念,不同的人可能会有不同的理解和期望。

4. 沟通能力增强

班会课中的交流和讨论要求学生清晰表达自己的想法,并倾听他人的观点。这一过程不仅锻炼了学生的口头表达能力,也提高了他们的沟通技巧。

5. 价值观形成

通过对友谊中的信任、忠诚和支持等道德问题的讨论,学生的价值观得到了培养。他们开始认识到尊重和理解他人的重要性,并学会了如何在友谊中实践这些价值观。

(二) 反思

1. 课程设计与学生需求

反思课程设计是否真正符合学生的认知水平和兴趣,能否持续激发他们的参与热情和思考。未来的课程设计应更多地考虑学生的实际经验和兴趣点。

2. 学习环境的优化

思考当前教室氛围是否为学生提供了足够的安全感和开放性,以鼓励他们自由地参与讨论和表达想法。未来的班会课应进一步优化学习环境,提供更多互动和合作的机会。

3. 教学方法的适宜性

评估所采用的教学方法是否适合学生的学习风格，能否有效引导他们进行深入的思考和探索。为了满足各类学生的需要，教学手段应当变得更加灵活多变。

4. 评估方式的完善

反思目前的评估方式能否全面评价学生在哲学班会课中的学习成果，能否激励他们继续参与和思考。评估机制应更加注重过程和个人成长，而不仅仅是结果。

5. 教师角色的转变

教师需从知识的给予者转变为学生学习的引导者和推动者。反思是否给予了学生足够的引导，帮助他们发展成为独立的思考者和学习者。

6. 持续学习与反馈

教师应保持持续的学习状态，不断提升自我，确保教育内容和方法的与时俱进。同时，也应重视学生的反馈，将其作为改进教学方法和策略的重要资源。

通过本研究的探索与实践，我们证实了在小学班会课中运用儿童哲学方法的可行性与有效性。"友谊"这一实践案例不仅展现了儿童哲学在提升学生思辨能力、创造力、批判性思维、沟通技巧以及价值观形成方面的巨大潜力，而且体现了其在促进学生个性化学习、互动合作和道德发展方面的重要作用。

本研究的成果对于当前小学教育领域中思政课程的创新实施具有重要的启示意义。它强调了教育者在设计和实施班会课过程中，应更多地考虑学生的主动参与、情感体验和思维发展，而非单一的知识传授。同时，这也为如何构建一个更加开放、互动和富有启发性的学习环境提供了实践指导。然而，尽管本研究取得了一定的成效，但在实施过程中也暴露出一些挑战和不足,如对教师专业发展的要求、学生差异性的适应、教学资源的配备等。这些挑战提示我们,在小学班会课中进一步推广儿童哲学,需要持续的教师培训、教学策略的创新和教育环境的优化。未来研究可在此基础上,深入探讨不同主题下儿童哲学的实施效果,评估其对学生长期发展的影响,并开发更多适宜的教学资源和工具。此外,跨学科的合作,如心理学、教育学和哲学的融合,也可能为儿童哲学教育提供新的视角和方法。

总之,本研究为小学班会课的创新实践提供了一定价值的参考,也为儿童哲学在更广泛教育领域的应用奠定了基础。我们期待未来有更多的研究和实践,共同推动儿童哲学教育的发展,为培养具有批判性思维、创新能力和良好道德素养的下一代贡献力量。

儿童哲学课程对于儿童心理发展的促进作用

随着社会的不断发展和进步，人们对于儿童心理问题的关注度越来越高。在当今社会中，儿童心理问题的发生率逐步增加，包括情绪障碍、焦虑、抑郁等情况。这些问题会对儿童的身心健康造成严重影响。为了解决这些问题，需要寻找一些新的有效的方法。

一、儿童哲学课程的概念

儿童哲学课程是一门以儿童为主要对象的创新性课程，旨在启发学生的思维能力、创造力和判断力，培养他们的批判性思维以及对不同观点和看法的尊重。儿童哲学课程是一种针对儿童开展的哲学教育活动，通过对学生的启发式问答、故事叙述、思维实验等方式，帮助学生探索问题，发现思维规律，提高思维水平。随着儿童哲学课程的不断发展和普及，很多研究人员开始探索其用于治疗儿童心理问题的可能性与途径。

二、儿童哲学课程对儿童心理发展的价值

（一）增强儿童的思维能力

首先，儿童哲学课程可以帮助学生从多个角度思考问题。在这种课程中，学生被引导去思考一些看似简单的问题，但问题本身却蕴含着非常深刻的哲学思考。通过这种思考，学生能够从不同的角度来看待问题，不仅能够提高他们的思辨能力，还能够培养他们的多元思维能力。其次，儿童哲学课程可以提高学生的逻辑推理、分析和归纳能力。在这种课程中，学生需要通过推理和分析来解决问题。这种过程能够提高他们的逻辑推理能力和分析

能力,同时还能够培养他们的归纳能力,让他们在解决问题时更加有条理。最后,儿童哲学课程还能够培养学生的批判性思维和创造性思维。在这种课程中,学生需要对问题进行批判性思考,挑战现有的思维模式,并尝试提出自己的观点和解决方案。这种思考方式不仅能够培养学生的批判性思维,还能够激发他们的创造性思维,让他们在解决问题时更具有创造性和想象力。

(二) 增强儿童的自信心

在儿童哲学课程中,学生可以得到自由表达和思考的机会,这可以使他们在与他人交流和探索新事物时感到更加自信和舒适。这种自由和鼓励还可以帮助学生发展自己的独立思维和创造力,从而帮助他们更好地理解和应对周围的世界。与此同时,儿童哲学课程还可以帮助学生学习不同的思维方式,从而培养他们的逻辑思维和批判思维能力。这些能力将有助于他们在未来的学习和生活中更好地解决问题和取得成功。儿童哲学课程可以为学生的成长提供一个全面的发展环境,促进他们的自信心和创造力,并为他们未来的成功打下坚实的基础。

(三) 促进儿童的社会交往

通过合作探究和讨论,儿童哲学课程能够培养儿童的合作精神和团队意识,从而增强他们的社会交往能力。在儿童哲学课程中,学生们会自主选择和合作完成各种任务,这有助于他们在动手实践中学会与他人合作,互相支持和帮助。在课程中,学生们还会探讨各种哲学问题,讨论不同的观点和看法,这有助于他们学会尊重他人的意见和想法,培养团队精神和合作意识。通过儿童哲学课程的学习,学生能够在安全、支持和鼓励的环境中自由表达自己的想法和意见,这有助于他们更好地理解自己和他人的观点。同时,课程还能够让学生学会倾听和理解他人的想法和意见,提高他们的社会交往技能。通过合作探究和讨论,学生们能够培养出团队协作、社交沟通和尊重他人的品质,帮助他们在未来的生活中更好地适应社会、发展和成功。

(四)提升儿童的情感素质

儿童哲学课程是一种以哲学思维为核心,针对儿童所设计的课程。它的主要目的是通过与学生进行对话,帮助他们理解和思考哲学问题,从而培养他们的思维能力和情感素质。在儿童哲学课程中,情感素质得到了很好的关注。课程不仅鼓励学生表达自己的情感和情绪,还帮助学生了解自己的感受。这种课程不仅仅是让学生获得知识,更重要的是通过对话和思考,让学生能够更好地理解自己的情感,从而提升自己的情感素质。通过学习儿童哲学课程,学生可以学会如何面对困难和挫折,如何与他人建立良好的人际关系,以及如何更好地理解自己和他人的情感。这些技能和能力不仅能够帮助学生更好地适应社会,还能够让他们更好地理解和控制自己的情感,从而更健康地成长。

(五)发展自我认知

通过哲学课程,学生可以学会思考和了解自己的内心世界,包括情绪、思维过程和个人价值观等。通过课堂上的讨论和个人反思,学生可以更加清晰地认识到自己的情绪和情感,并学会用适当的方式表达它们。他们也能够更好地找到自己的思考方式,从而增强自我意识和自我理解,建立积极的自我形象和自尊心,促进心理健康。例如,在某小学的儿童哲学课堂上,有一次讨论"什么是快乐"的话题。这个问题引发了一场激烈的讨论,每个学生都表达了自己的想法。有些学生认为,快乐是一种外在的状况,只有得到其他人的认可和赞扬,才能感到快乐;而另一些学生则认为,快乐是一种内心的感受,只有自己感到开心和满足,才算是真正的快乐。在这个过程中,教师起到了引导和促进的作用,他让学生们理解到快乐是因人而异的,每个人都有自己的感受和观点。在互动探讨和分析的过程中,学生们开始认识到快乐是一种主观感受,每个人都有自己的定义和标准。这样的讨论不仅让学生更好地认识自己和他人,也提高了他们的自我认知水平。在这堂小学儿童哲学课堂上,学生们不仅学到了关于快乐的概念,还学到了如何探究和分析问题,如何尊重和理解他人的看法。这些技能和思维方式,将会在他们日后的学习和生活中发挥重要的作用。

(六)学会情绪管理

哲学课程可以帮助学生学会认识和理解不同的情绪,以及情绪的产生和调控方式。通过讨论和分析哲学问题,儿童能够培养情绪管理的能力,学会控制和调节自己的情绪。他们可以学会应对挫折和压力的积极方式,从而减少焦虑和抑郁的情绪,促进心理健康。在儿童哲学课程中,学生们可以探索各种人生问题,例如自我意识、人际关系、自我价值和归属感等等。通过哲学的思考和讨论,学生可以更好地理解自己和他人的情感和情绪,从而更好地处理自己和他人之间的关系。通过儿童哲学课程的实践,可以使学生更好地理解和认识自己,提高情绪管理能力,培养道德判断力和解决现实问题的能力,并最终促进心理健康发展。例如,在儿童哲学课程中,可以通过讨论问题如"什么是正义?"来帮助儿童认识和理解不同的情绪。当学生开始思考这个问题时,他们可能会产生各种不同的情绪,如愤怒、不满或困惑。通过与同学和教师的讨论,学生可以理解正义对每个人来说可能有不同的意义,并且在面对不公正时产生不同的情绪是正常的反应。他们也可以学习到如何用理性的方式表达自己的情绪,以及如何通过倾听和尊重他人的观点来调节自己的情绪。

当学生探讨问题如"什么是友谊?"时,他们可以更好地理解和处理自己与他人之间的情感和情绪。例如,当学生回忆起与朋友们一起度过的美好时光时,他们可能会感到快乐和满足。然而,当他们面对友谊中的挑战和冲突时,也可能会感到伤心或困惑。通过讨论和分享彼此的经历,学生可以学会如何表达自己的情感和需要,以及如何倾听和支持他人的情感和需要。这样的讨论可以帮助学生建立健康的友谊关系,同时也培养他们处理情绪和解决问题的能力。

通过参与儿童哲学课程,学生们可以在思考哲学问题的过程中,逐渐认识和理解不同的情绪,并学会调控自己的情绪。这样的学习和实践可以帮助他们应对挫折和压力,减少焦虑和抑郁的情绪,促进心理健康。

(七) 学习倾听和表达

在哲学课程中,学生有机会学会倾听他人的观点,并表达自己的想法和感受。他们可以学会尊重和欣赏不同的意见和观点,培养倾听和沟通的技巧。这种交流和沟通的实践有助于培养学生的社交技巧和人际关系,增加情感连接,促进心理健康。在哲学课程中,学生可以通过讨论问题如"什么是真正的友谊?"来学习倾听他人的观点并表达自己的想法和感受。

在儿童哲学课程中,教师可以引导学生进行小组讨论或班级讨论,让他们表达自己对哲学问题的看法。例如,在讨论"真正的友谊"时,每个学生可以轮流表达自己对友谊的理解和体验。他们可以分享自己与朋友之间的互动和支持,或者思考友谊的特点和重要性。这种方式可以让学生发挥自己的思维能力,同时也可以提高他们的口头表达能力。

此外,学生还可以通过书面表达来思考哲学问题。在课程中,教师可以鼓励学生们写下自己对友谊或其他哲学问题的思考。他们可以写下自己的观点、理由和感受,以及与他人不同的观点的比较和反思。这种书面表达可以锻炼学生的写作能力和思维能力,同时也能让教师更全面地了解每个学生的思考状况。

(八) 建立价值观和道德意识

通过哲学课程,学生可以思考和讨论各种伦理和道德问题,如公平、正义、责任等。他们可以思考这些问题的意义和重要性,从而形成积极的价值观和道德意识。这有助于学生培养良好的行为习惯和决策能力,促进正直、善良和道德品质的发展,从而提高心理健康水平。在儿童哲学课程中,教师可以引导学生思考关于价值观和道德意识的问题。例如,"你认为什么是公平?""你认为什么是正义?"通过这些问题,学生可以思考和探讨这些伦理和道德问题的意义和重要性。他们可以从个人的角度出发,思考如何在日常生活中体现公平和正义，如何承担责任和行使权利。这样的思考能够帮助学生形成积极的价值观和道德意识，促进他们的道德发展和心理健康。通过各种互动形式，如游戏、角色扮演和讨论，学生能够在实践中学习哲学的思考方法和技巧。他们可以通过角色扮演来理解不同角色的职责和义务，思考自己应该如何为社会做出贡献。通过游戏，他们可以探索自然界的规律和奥秘，了解生命的意义和价值。通过讨论电影，他们可以感受到不同文化背景下的思想差异，培养跨文化理解能力。这样的教学活动不仅能够让儿童体验哲学思考的过程，还能促进他们的全面发展。

  儿童哲学课程是一种新型的教育方式，它通过让学生自由思考、自由表达的方式，引导他们探索自己和世界的本质。这种课程不仅可以帮助学生发现自身的优点和不足，形成自我认知，还能够通过探讨和讨论，帮助学生建立积极的人际关系。在儿童哲学课程中，学生不仅可以提高思考和解决问题的能力，还可以通过对生活、社会、文化等问题的思考和探究，培养自己的情感智慧。儿童哲学课程可以帮助学生们深入思考各种问题和现象，让学生们逐渐形成批判性思维和判断能力，这对于学生的未来发展具有重要的意义。同时，儿童哲学课程也与儿童心理健康问题密切相关。在这个课程中，学生们可以得到充分的关注和尊重，他们的思想和感受都能够得到充分的体现和重视。这种积极的体验能够帮助学生们建立自信心和自尊心，从而促进他们的心理健康成长。儿童哲学课程是一种有益的教育方式，它可以帮助学生发展自身的思维能力和情感智慧，从而更好地适应未来社会的发展和变化。

绘本之光,照亮成长之路

——"以绘本为载体的儿童哲学生命教育"项目化学生成长案例

一、项目实施背景介绍

上海市三灶学校是一所位于上海市远郊农村的学校,学生主要来自本土乡民和外来务工人员家庭,面临着家庭文化教育资源相对匮乏的困境。正是在这样充满挑战的条件下,学校以强烈的责任感和使命感,秉持"文武兼修,启智尚美"的办学理念,开发了以绘本为载体的儿童哲学生命教育课程。通过将"责任担当""关注自然""感恩教育""生命教育"等主题融入其中,开展了一系列富有成效的项目化实践活动,致力于促进学生从学习方式的创新到思维能力的拓展,从行为习惯的养成到情感态度的塑造等诸多方面的转变与提升,为学生的成长照亮前行的路。

"以绘本为载体的儿童哲学生命教育"实践项目是一项具有创新价值的教育探索。在这个项目中,绘本不再仅仅是简单的图画书,而是成为了开启儿童哲学思考和生命认知的钥匙。通过精心挑选一系列富含哲理与生命意义的绘本,为学生们创建了一个充满启发和探索的学习环境。教师们巧妙地运用这些绘本,引导学生们走进一个个充满想象和智慧的世界。在课堂上,学生们围绕着绘本中的故事和角色展开热烈的讨论,积极思考,勇敢地表达自己的观点和想法。在讲述生命诞生与成长的绘本中,学生们开始思考生命的奇妙与珍贵,从而懂得珍惜自己和他人的生命;在讲述关于责任与担当的绘本中,学生们明白了在社会和家庭中自己所肩负的责任,逐渐培养起了责任感和使命感;在深入探讨神话与科学的绘本故事中,学生们不仅创造力和想象力得到激发,更在批判性思维和道德品质等方面得到了显著的提升。

二、学生在项目化学习中的成长与变化

(一)责任担当意识的觉醒

某天,周先生开车途中等待红灯时,发现在路边人行道上有一位背着书包的学生,手里抱着许多垃圾,他不禁好奇打开了摄像头,拍摄下了这一幕。这个学生一路捡起了很多诸如塑料盒、饮料瓶、烟头等的垃圾,还对这些垃圾进行了细致的分类,投入了路边的垃圾桶,周先生在朋友圈发布了这段视频,在赞扬这位同学的同时也非常希望可以找到这位美德少年。过了几天,周先生再次路过同一路口,他再次惊奇地发现,这个孩子仍然在捡拾路上的垃圾,他马上意识到,这个孩子不是一时心血来潮,而是长期坚持在做这件好事,这让他寻找这位学生的想法更为迫切了!

幸运的是,朋友圈的消息几经转发,终于有教师辨认出了这个孩子,确认了这位美德少年正是三灶学校在读学生柏小同学,这位品学兼优的三灶学子,用自己的行动诠释了责任的真谛。他不仅在放学回家的路上坚持捡拾垃圾,在学校里也主动维护环境整洁。这并非偶然的心血来潮,而是长期的坚持,展现出强烈的集体荣誉感和社会责任感。《浦东时报》等各大媒体平台先后报道了他的事迹,面对社会的褒奖和记者的镜头,这位腼腆的大男孩谦逊地认为这是自己应该做的,这些都源于学校的倡导、老师的教导、家长的言传身教以及自身对德育内容的内化。柏小同学的成长并非一蹴而就,学校的绘本儿童哲学教育中,将"责任担当,关注自然"融入课程,培养了学生的责任意识和担当勇气,让学生明白要对自己的行为负责,初步养成正视自我、自立自强的品质。

(二)感恩之心的培养

在四年级的班级里,有一个名叫小吕的学生,他的故事如同一缕温暖的

阳光，照亮了我们对感恩之心培养的认识。

小吕曾是个典型的调皮捣蛋的学生，他的恶作剧常常让人哭笑不得，而他对长辈的顶撞更是让老师头疼不已。然而，一切的改变都始于一本绘本——《爱心树》。这本绘本由班主任老师在课堂上引入，它讲述了一棵大树与一个男孩之间深厚的情感。在老师的引导下，小吕被深深触动，他开始反思自己对长辈的态度，以及自己在生活中的行为。老师注意到了小吕的变化，她与他进行了深入的交流，鼓励他将绘本中的感悟转化为实际行动。小吕的改变是显而易见的。他不再恶作剧，而是变得更加懂事和体贴。他开始主动帮助同学，承担起班级的各项任务。在家中，他每晚都会为劳累一天的父母捶背，帮助他们放松。他还学会了做家务，如洗碗、打扫房间等。这些看似微不足道的小事，却让父母感到无比的欣慰和惊讶。小吕的改变并非偶然。学校的绘本教育项目，将感恩教育融入其中，通过案例引导和教学渗透，强调了感恩的重要性。学校注重培养学生的感恩意识，从识恩、知恩到感恩、报恩，再到施恩，逐步提升学生的道德素养。

小吕的故事，是我校绘本教育成效的一个缩影。绘本之光，不仅照亮了他的成长之路，更激发了他内心深处的感恩之情。他学会了珍惜身边人的爱，用行动去回报。正如《爱心树》中的大树，无私地奉献自己的一切，小吕也开始学会无私地关爱他人，感恩生活。小吕的成长，让我们看到了绘本教育的力量，它能够触动学生的心灵，引导他们形成正确的价值观；小吕的成长，是感恩之心培养的生动案例，也是我们学校绘本教育项目成功的证明。

（三）生命认知的深化

一天放学路上，五年级的小雨同学，背着书包，手里紧握着一本绘本，她的眼中闪烁着泪光，却也透出了一丝坚定。这不是她第一次经历失去，却是她第一次如此深刻地感受到生命的重量。小雨的爷爷，那个总是带着慈祥笑容，给她讲故事的亲人，因病离世了。这个打击让小雨的世界变得灰暗，她开始回避学习，回避朋友，甚至回避自己。然而，一本绘本《爷爷变成了幽灵》悄然走进了她的生活,让她开始重新审视生命的意义。这本绘本讲述了一个小男孩帮助已故的爷爷完成未了心愿的故事,以一种温暖而细腻的方式,呈现了死亡和别离。小雨读着读着,泪水模糊了视线,却也渐渐减轻了对爷爷的思念。她开始理解,爷爷的爱,就像绘本中的幽灵一样,从未离开。此外,《活了一百万次的猫》则让她开始思考,生命的意义不在于长短,而在于我们如何去活,如何去爱;《獾的礼物》更是让她懂得,生命的结束并不意味着爱的终结,獾虽然离开了,但它留给朋友们的爱和勇气,却永远存在。

小雨的变化,被她的班主任老师看在眼里。老师没有直接开导她,而是选择了用绘本来陪伴她,引导她自己去感受和理解。在老师的鼓励下,小雨开始与同学们分享她的感受,开始学会表达自己的情绪,不再把悲伤深埋心底。就这样,小雨逐渐走出了阴霾。她开始更加珍惜与家人和朋友相处的时光,更加积极地参与学习和课外活动。她知道,尽管爷爷已经不在,但他的爱和对她的期许,将一直激励她前行。这个故事,很快在校园里传开,小雨成为了大家眼中的坚强女孩。她的变化,也激励着其他同学去思考生命的意义,去学会面对生活中的困难和挑战。

小雨的故事让我们看到了一个孩子在绘本的陪伴下,如何从失去中找到力量,如何在悲伤中学会坚强。通过这样的教育,相信更多的孩子能够像小雨一样,在绘本之光的照耀下,深化对生命的认识,在面对生命中的挫折和困难时,拥有勇气和力量,坦然前行。

(四)思维能力的提升

在学生们的眼中,世界是无限可能组成的画卷,而他们则是这幅画卷的小小画家。他们用自己的方式思考和质疑,勇敢地探索着这个世界的每一个角落。他们不仅关注故事的真假性,更深入地挖掘故事背后所传达的价值和意义。在《慈母情深》的课堂上,学生们的思维如同初升的太阳,光芒四射。他们对周炳昆过失伤人后,周秉义是否应该求情的问题,展开了一场火花四溅的辩论。一时间,教室里分成了"挺帮"和"倒帮"两派,学生们各执一词,从亲情、法律、正义等多角度深入思考和辩论。他们的观点清晰有力,展现了独立思考和辩证看待问题的能力。最终,一位小女生的总结发言更是将讨论推向了高潮:"亲情之上,还有法律;法律之上,还有正义!"这场讨论不仅展现了他们独立思考的能力,还体现了他们辩证看待问题的智慧,更是对价值观的坚定表达。而在《太阳》一课中,学生们的思维更是如同探险家,勇敢地探索着神话传说的奥秘。他们质疑神话故事的真实性,思考不同神话体系中的矛盾情节,更关注故事所传达的价值和意义。他们勇敢地提出自己的观点,不受传统观念的束缚,展现出了对信息价值的独立判断。

"因为你就是你所爱,从消散中收聚我。"这句话在学生们的讨论中得到了新的诠释。我们的思想和观点是我们内心的一部分,它们从我们所热爱和关注的事物中产生和塑造。正是因为我们热爱和关注,我们才能从消散中汇聚起来,形成自己独特的思想和观点。学生们在讨论中展现出的思考能力和观点,正是他们所爱的事物的集合,他们从中收集和汲取智慧与力量。

这些课堂上的精彩瞬间,让我们看到了实施项目化教育的力量。学生们用自己独特的视角和思维方式解读世界,不仅关注知识的获取,更注重思考的过程和价值的判断。他们在讨论中不断碰撞出思想的火花,从零散的信息中获取智慧,形成自己独特的观点和见解。

三、教师的鼓励与支持

(一)精心选择绘本与设计课程

1. 绘本选择

教师们在为学生挑选绘本时,充分考虑了学生的年龄特点和认知水平,以确保所选绘本能够最大程度地吸引学生的注意力,并对他们的成长和学习产生积极影响。例如,对于低年级的学生,教师们可能会精心挑选那些色彩鲜明、图案生动、情节简单且富有童趣的绘本。这些绘本通常以生动的形象和简单易懂的语言,帮助低年级学生初步建立对世界的认知,培养他们的阅读兴趣和习惯。而对于高年级的学生,教师们则可能会选择情节相对复杂、寓意深刻、能够引发深入思考的绘本。这些绘本往往涉及更广泛的主题和更深层次的情感,有助于高年级学生提升思维能力和情感素养。

2. 教育主题融入

教师们巧妙地将生命教育、责任担当等重要主题融入绘本教学之中,使学生在阅读和学习的过程中,不仅能够享受故事带来的乐趣,还能从中汲取宝贵的人生智慧和价值观。例如,在通过进行《爱心树》教学时,教师引导学生深入理解大树无私奉献的象征意义。教师通过细致的讲解和生动的比喻,激发学生对生活中类似行为的观察和思考,让他们懂得感恩身边那些默默付出、无私奉献的人,培养他们的感激之情。

3. 互动式教学活动

为了增强学生对绘本内容的理解和体验,教师们精心设计了角色扮演、情感分享等丰富多彩的互动式教学活动。例如,在《爷爷变成了幽灵》的教学中,学生们通过角色扮演亲身体验故事情境。在这个过程中,他们更加深入地理解了故事中所传达的关于生命终结和爱的复杂情感,并积极地分享自己对这些主题的理解和感悟。这种互动式的教学方式不仅促进了学生之间的情感共鸣,还激发了他们对人生问题的深入思考,培养了他们的同理心和思考能力。

(二) 敏锐观察与个性化引导

1. 日常观察

教师们时刻保持着敏锐的观察力,通过日常与学生的相处和交流,细致地捕捉学生的反应和变化。无论是课堂上的一个表情、一次发言,还是课后的一个举动、一段对话,都可能成为教师了解学生内心世界的重要线索。例如,小吕同学在《爱心树》课程结束后的一段时间里,行为发生了明显的积极改变。教师敏锐地注意到了这一变化,并通过进一步的观察和分析,了解到这种改变背后的原因和动力,从而能够给予小吕同学更加恰当和有效的鼓励与支持。

2. 个性化辅导

针对每个学生独特的需求和问题,教师们会提供一对一的个性化辅导。例如,当教师发现小吕同学在家庭中开始承担更多责任时,会通过课后的单独交流,帮助他深入思考这种行为的意义和价值,并给予他具体的建议和指导,使他能够更好地将绘本中的感悟转化为实际行动,在家庭和生活中发挥更大的作用。

3. 深入交流

教师们通过与学生进行深入的交流,激发学生的自我反思和行为改变。在交流过程中,教师不仅仅是倾听者,更是引导者和启发者。例如,小吕同学在与教师的深入交流中,逐渐认识到自己的行为对于家庭的重要性,明白了自己的成长和贡献对于家庭幸福的积极影响。这种深刻的自我认知促使他更加自觉地在家庭中承担更多责任,成为一个更加懂事和有担当的孩子。

(三)创造自由开放的课堂氛围

1. 鼓励自由表达

教师们努力营造一个鼓励学生自由表达的课堂环境,让每一个学生都敢于发表自己的观点和想法。在《慈母情深》的课堂上,学生们不再受到束缚和限制,能够畅所欲言地表达自己对故事的理解和感受。他们可以自由地阐述自己的观点,甚至进行激烈的辩论,展现出独立思考和勇敢表达的能力。

2. 尊重每个想法

教师们充分尊重每个学生独特的思维和见解,即使这些想法与传统观念有所不同,也会给予充分的肯定和鼓励。这种尊重不仅让学生感受到被认可和接纳,更激发了他们的创新精神和自信心。在这样的课堂氛围中,学生们不再害怕犯错,而是勇敢地探索和尝试,提出与众不同的观点和见解。

3. 建立自信与创新精神

自由开放的课堂氛围为学生们建立自信、培养独立思考的能力提供了肥沃的土壤。例如,在《太阳》的课堂上,学生们通过对绘本的深入分析和思考,勇敢地提出自己独特的观点,展现出对信息价值的独立判断,这种能力的培养将对他们未来的学习和生活产生深远的影响。

"以绘本为载体的儿童哲学生命教育"项目展示了绘本是孩子们心灵成长的灯塔。通过教师的精心引导和课程设计,学生们在责任担当、感恩之心、生命认知和思维能力上都取得了显著的成长。柏小同学的环保行动、小吕同学的感恩转变、小雨同学对生命意义的深刻理解,以及课堂上学生们独立思考和辩证讨论的能力,都是这一教育实践的生动体现。随着项目的持续推进,我们期待绘本教育能够激发更多学生的内在潜力,帮助他们建立起正确的价值观和人生观。我们相信,绘本之光将继续照亮学生们的成长之路,引导他们以更加开放的心态和独立的精神,勇敢地面对生活中的每一个挑战,成为有责任感、有同情心和有创造力的新一代。让我们共同期待,每一个学生都能在绘本的世界里找到自己的位置,绽放出独特的光芒。

全员导师制下生命教育的实践与反思

——以预备年级家庭亲子绘本阅读为例

随着教育改革的深入,生命教育作为培养学生全面发展的重要组成部分,越来越受到重视。上海市三灶学校地处远郊农村,学生构成复杂,多为本土乡民和外来务工人员子女,家长文化水平普遍不高,难以提供全面而优质的生命教育。这需要学校充分挖掘教育资源,通过责任机制和情感效应实现对学生的专业化引领,进一步健全完善面向生命的家校共育。

全员导师制强调每位教师都担任学生导师,负责其学业、心理、生涯规划等多方面发展,这种教育模式不仅要求教师具备全面的教育素质和能力,还促进了教师角色的转变,使教师成为学生成长道路上的引路人和支持者。在此背景下,学校结合初中预备班学生的生源特点和教育实际需求,认真落实全员导师制,以家庭亲子绘本阅读为载体,探索了一条加强儿童生命教育的新途径,为学生的全面发展奠定坚实基础。

一、预备年级学生特点与绘本阅读的契合点

(一)预备年级学生的发展特点

初中预备年级学生正处于青春期的早期阶段,这一时期的孩子在生理、心理和社会性方面都在经历快速的变化。具体表现为:学生在这一时期会经历身体上的变化,如生长激素的增加导致身高的快速增长,第二性征的出现等;他们开始寻求独立,希望被当作成年人对待,同时也可能感到迷茫和不安;开始更加关注自己在同伴中的地位,对社交关系和团体归属感有更强烈的需求;他们的逻辑思维和抽象概念理解能力增强,能够处理更复杂的信

息和概念。学生开始形成自己的独立思考,对周围的世界产生更深层次的好奇和疑问。这一时期的学生对于生命的意义、自我身份的认同和未来的目标等问题表现出浓厚的兴趣。因此,通过家庭亲子绘本阅读,家长可以引导孩子探索这些复杂的主题,帮助他们在成长过程中建立积极的人生观和价值观。

(二) 预备年级学生与绘本阅读的契合点

生命教育旨在通过引导学生思考生命的意义、价值和目的,帮助他们建立积极的人生观和价值观。绘本中往往蕴含着丰富的哲学元素,如生命、爱、死亡、自由等主题,这些都是生命教育的核心内容。对于初中预备年级学生来说,绘本提供了一个易于理解和讨论这些深刻主题的平台。通过亲子共读,孩子们可以在家长的引导下,以一种适合他们发展水平的方式,探索这些哲学概念,从而促进他们对生命的认知和尊重。

二、家庭亲子绘本阅读的实践策略

(一) 精选绘本,紧扣生命教育主题

导师团队开展深入的调研工作,包括与学生进行一对一的访谈,收集他们对绘本的偏好和兴趣点。分析学生的认知水平,确保所选绘本能够激发学生的想象力和理解力,同时不会超出他们的认知范围。精选与生命教育相关的主题,如《你很特别》强调自我认知和接纳,《彩虹色的花》则讲述分享与感恩的重要性。这些绘本不仅能够激发学生的阅读兴趣,还能引导他们深入思考生命的意义和价值。此外,导师团队还考虑绘本的多样性,选择来自不同文化背景、具有不同艺术风格和多样故事情节的绘本,以拓宽学生的文化视野和审美体验。

(二) 设定固定共读时间,营造温馨氛围

设定固定的共读时间,如每周日晚上,将绘本共读作为家庭的传统活动,增强仪式感。家长在共读时提出开放式问题,如"你觉得这个角色为什么这样做?"来促进孩子的思考和语言表达;创建一个温馨、无压力的阅读环境,鼓励孩子自由表达,避免负面评价,确保孩子感到被接纳和尊重。

(三)导师跟踪指导,确保活动效果

导师定期通过家访、电话或线上会议与家长沟通,了解共读活动的进展和家庭的反馈;针对家长和学生在共读中遇到的困难,提供个性化的解决方案和建议,如阅读技巧、讨论方法等;鼓励家长记录孩子的阅读反应和进步,通过这些记录了解学生的阅读习惯和偏好,以便提供更精准的指导。

(四)实践案例融入策略

案例一:《你很特别》

在该实践中,导师与预备年级的一个家庭进行合作,共同选择了绘本《你很特别》。这个绘本以独特的方式讲述了关于自我认知和接纳的重要故事。

家长和学生在导师的悉心指导下,一同阅读这本绘本。当读完绘本后,导师巧妙地引导学生思考以下问题:你认为自己有哪些特别之处呢?当他人对你持有不同看法时,你会有怎样的想法?我们应该如何正确对待他人的评价呢?学生们积极热情地参与讨论,慷慨地分享自己的想法和感受。导师则以极大的耐心倾听着,并给予恰当的引导。随后,导师满怀鼓励地提议学生用绘画的方式来展现自己的特别之处,并与家人愉快地分享。在接下来的几周里,导师贴心地建议家长与学生一同阅读其他相关的绘本,如《独一无二的你》和《我就是我》,以进一步深化学生对自我认知和接纳的深入理解。

通过这个实践案例,学生在轻松愉悦的氛围中,初步触及了哲学中自我认知的概念,对生命的价值也有了更为深刻的领悟。与此同时,亲子关系得到了显著的加强,家庭氛围更加融洽和谐。

案例二:《彩虹色的花》

有的家庭选择了《彩虹色的花》。这是一本关于分享和感恩的绘本。通过这个故事,我们希望引导学生认识到分享的快乐和感恩的重要性。

在阅读的过程中,家长与学生一同欣赏绘本中精美的画面,沉浸在故事的讲述之中。导师巧妙地引导学生们思考:彩虹色的花为何愿意无私地分享自己的花瓣呢?学生们纷纷踊跃表达自己的观点,有的学生说因为花具有善良的品质,有的学生则说因为它渴望帮助别人。接着,导师进一步提问:那么我们在日常生活中可以怎样像彩虹色的花一样去帮助他人呢?学生们积极主动地发言,热情洋溢地分享自己的想法和亲身经历。之后,家长和学生齐心协力制作了一张充满感恩之情的卡片,用以感谢生活中曾经帮助过自己的人。

这个案例通过亲子共读和手工活动,让学生们体会到分享和感恩的价值。家长和学生在共同制作感恩卡片的过程中,加深了对彼此的感激之情。学生们学会了在生活中寻找值得感恩的人和事,家长也意识到了教育孩子感恩的重要性。

这样富有意义的实践活动在预备年级持续进行,每个家庭都能从绘本阅读中获得独特的收获与成长。我们可以看到,家庭亲子绘本阅读活动不仅能够促进学生的个人成长,还能够加强家庭内部的情感联系,为学生提供一个充满爱与支持的成长环境。这些活动的成功实施,为全员导师背景下的生命教育提供了宝贵的经验和启示。

(五)组织延伸活动,丰富教育形式

设计与绘本主题相关的延伸活动,如组织角色扮演游戏,让学生在扮演中体验故事情境,加深理解。举行绘本创作比赛,鼓励学生创作自己的绘本故事,激发创造力和想象力。开展主题讨论会,邀请家长和学生共同参与,分享阅读体验,促进社区内的交流和互动。

三、实践成效与反思

(一) 实践成效

1. 生命教育教学方式的优化

在全员导师制的研究和实践中,学校不断强化基于生命教育目标的教学设计,突出了绘本在教学中的重要价值。通过导师团队的集体智慧,提炼和总结出了一套清晰而实用的生命教育优质课堂教学标准,为课堂教学方式的改革和创新提供了有力的范例。这些标准不仅涵盖了教学内容的选择、教学方法的应用、教学环境的创设等方面,还包括了对学生学习过程的引导和评价,以及对教师教学行为的反思和调整。

2. 导师专业水平的提升

在全员导师制的实践过程中,教师们的专业水平得到了显著提升。他们通过参与展示研究课和课例研究,学习了相关的教学理论,对生命教育的设计技巧有了全新的认识。教师们的身份也从传统的知识传授者转变为家庭亲子绘本阅读导师,这不仅增加了他们的职业荣耀,也增加了他们肩负的责任。他们需要更加深入地了解学生的个性特点和学习需求,设计出更加符合学生发展的教学方案,引导学生进行深入的思考和探究。

3. 学生全面发展的促进

生命教育的目标是促进学生的全面发展,这包括智力发展、道德修养、身体素质、审美情趣和劳动技能等方面。通过全员导师制下的生命教育实践活动,本校学生在多个方面都取得了显著的进步和收获。他们在区、市、全国乃至全球性的各类赛事中屡获佳绩,展现了全面发展的风采。这些成绩的取得,既是对学生个人努力的肯定,也是对学校教育工作的肯定。

4. 家校共育的和谐有效

全员导师制下的生命教育,规范了教师的行为,提升了家长的参与度,使家校共育更加和谐有效。家长和教师之间的沟通更加频繁和深入,他们共同关注学生的成长和发展,共同解决学生在学习生活中遇到的困难和问题。这种家校共育的模式,为学生的健康成长提供了良好的环境和条件。

(二) 反思与改进

1. 教学实践经验不足,课堂教学的有效性有待进一步提高

从听课者以及导师反馈来看,导师的经验还不足,摒弃传统教学方式还需要一个逐渐变化的过程。比如,导师对绘本内容把握不全面、对学情把握不到位、不敢放手学生自主学习、学习小组的作用发挥不够、教学节奏处理不当、引发学生思考的时间给得不足,等等。需要在下一步教学研究与实践中通过有效的集体备课和教学设计予以改善,通过不断的教学实践总结经验。

2. 绘本选用和学本化改造不足,需要学校通过不断提升教科研能力来支撑

校本化生命教育是国家生命教育的补充,在生命教育的绘本选用中落实好国家要求,做好相关学本化改造、生命教育的管理很有必要。如何使家庭亲子绘本阅读更好地支持和补充国家生命教育的落实,既需要导师对国家生命教育的标准和教材有深入、正确的认识理解和把握,还需要其在绘本的选用中做好绘本与国家生命教育的对接和融合,做好面向学生的适性取舍,这需要学校通过不断提升教育科研能力来支撑。

全员导师制下的生命教育实践活动为上海市三灶学校的学生提供了丰富的学习资源和成长机会。通过家庭亲子绘本阅读这一抓手,学校成功探索出一条加强儿童生命教育的新途径。未来,学校将继续总结经验、完善机制,为学生的全面发展和健康成长贡献力量。

以绘本为载体,运用儿童哲学开展小学生命教育

——上海市三灶学校绘本阅读课程建设的实践研究

摘要: 小学阶段对学生品德、行为习惯、生活态度及认知能力的发展至关重要。基于小学的办学目标、学生身心发展特点以及乡村学生家庭教育资源匮乏的现状,上海市三灶学校开设了儿童哲学绘本阅读课程作为德育的有效路径。该课程起源于语文课,从班会课试验起步,效果显现后拓展至拓展课,并将拓展课作为主阵地。此外,课程还引入班主任校本培训,这一培训既成为教师交流学习的抓手,也成为家庭教育的有效延伸。

关键词: 儿童哲学　儿童绘本　生命教育

一、绪论

1. 研究背景

随着现代社会科技和信息的快速发展,小学生的生活和学习方式发生了巨大变化。面对各种挑战和问题,如自我认知、情绪管理和道德观念的形成,小学生亟须接受生命教育亟待解决。绘本阅读作为一种深受学生喜爱的图书形式,不仅可以培养学生的阅读兴趣和能力,还能启发学生的思维、情感和人生观。儿童哲学则以儿童为主体,培养他们的思辨能力和价值观念,帮助他们建立积极的人生态度。面对这一背景,上海市三灶学校结合学生特点和教学实际,以绘本为载体,运用儿童哲学的方法开展绘本阅读课

程,探索一种新的小学生命教育模式。本研究期望通过详尽的探究和实践活动,为其他教育机构提供学习参考,从而推动小学生命教育的进程。

2. 研究内容

本研究将以上海市三灶学校为实践基地,通过实施绘本阅读课程,结合儿童哲学的思维方式,引导学生进行问题思考和讨论。研究内容包括绘本阅读在小学生命教育中的作用、儿童哲学在小学生命教育中的运用以及绘本阅读课程在小学生命教育中的实践效果。

3. 研究方法

本研究将采用实证研究方法,结合定性和定量的数据收集和分析方式。研究步骤包括:

(1) 文献综述:对绘本阅读、儿童哲学和小学生命教育的相关理论和研究进行综合梳理。

(2) 课程设计:依据学校特点和学生需求,设计儿童哲学绘本阅读课程,并确立教学目标和教学内容。

(3) 实施课程:在上海市三灶学校开展儿童哲学绘本阅读课程,并记录课堂教学过程。

(4) 数据收集:采用问卷调查、观察记录和学生作品等方式,收集学生个人成长、道德发展和家庭教育的相关数据。

(5) 数据分析:借助统计软件进行定量数据分析,通过内容分析和主题编码法对定性数据进行分析。

(6) 结果呈现:根据数据分析结果,撰写研究报告,并进行结果展示和讨论。

4. 研究目的

本研究的主要目的是探索以绘本为载体,运用儿童哲学开展小学生命教育的有效性和可行性。具体目标包括:

(1) 构建适合小学生命教育的儿童哲学绘本阅读课程;

（2）评估绘本阅读课程对小学生个人成长和道德发展的影响；

（3）探究绘本阅读课程对家庭教育的积极影响；

（4）提供针对类似学校的教育策略和实践指导。

5. 预期成果

通过本研究，预期可以得到以下成果：

（1）构建适合小学生命教育的儿童哲学绘本阅读课程；

（2）评估绘本阅读课程对小学生个人成长和道德发展的影响；

（3）探究绘本阅读课程对家庭教育的积极影响；

（4）提供针对类似学校的教育策略和实践指导；

（5）为小学生命教育研究和实践提供借鉴和参考。

二、儿童哲学与绘本阅读及生命教育的相关理论

1. 儿童哲学(Philosophy for Children)

马修·李普曼在20世纪60年代提出了儿童哲学的观点。儿童哲学设立的初衷是通过鼓励儿童对日常问题的思考讨论与深入研究，来促进他们智慧的成长和精神世界的丰盈。它倡导让孩子们通过自我探究、反思和质询的方式来促进思维成长，同时培养他们的道德观念、人生理念和价值判断。

2. 绘本

绘本主要是通过绘画来讲述故事和传授知识，其中的文字内容相对较少。绘本阅读能够全方位塑造学生的内心世界，促进他们各种能力发展，其教育意义不容忽视。

儿童哲学与绘本阅读密切相关。优秀的绘本蕴含着大智慧，是儿童哲学教育的重要内容来源，且其独特性质符合小学阶段学生的年龄特点。以绘本为载体在学校进行儿童哲学教育的实践，可让学生在学习中发展自己的哲学。

3. 生命教育

生命教育聚焦于生命及其存亡的议题,其目的是促使人们培养对生命的敬畏之情,探寻生命的目的以及寻求宇宙、他人和自我存在的联系,以实现个人生命的最大价值。生命教育面向学生,应注重全面且以人为本的多维度关怀。它不仅要让学生学会尊重生命,还要促使他们全面领悟生命的价值,并且主动去实现生命的价值。要注重个人生命的宝贵,也要引导学生学会珍视、尊重和热爱他人的生命。生命教育不仅限于人类,还要让学生理解与其他物种共存的重要性。既关注当下的生活享受,也要考虑未来的生命成长。

在上海市三灶学校绘本阅读课程建设的实践研究中,以绘本为载体,运用儿童哲学开展小学生命教育,体现了这些理论的融合与应用。通过这样的课程建设,旨在促进学生的全面发展,培养他们的思考能力、道德素养和对生命的尊重与关爱。

三、运用儿童哲学开展小学绘本阅读课程建设的实践探索

1. 课程目标

本课程以儿童绘本为核心媒介,致力于提升学生的思考、学习技能,并培育其自发及独立思考的习惯,目标是全面提升学生的逻辑推理能力,引导他们掌握提问、倾听、思考、表达和决策的技能,进而重塑他们对生命和世界的理解和认知。此外,课程还旨在培养学生批判性、创造性、同情心和合作精神等多方面的思考能力。

(1) 批判性思考能力:反思个人和他人思考过程的原因。

(2) 创造性思考能力:探索创新想法,强调个人原创性的重要性。

(3) 同情心思考能力:在团队讨论中考虑他人的感受。

(4) 合作思考能力:参与集体活动,通过协作激发创意,达成共识。

儿童哲学教育强调加深学生对哲学核心概念的理解,促进认知上的进

步,逼近真理,并引导情感、态度和价值观方面的变化,特别是情商的全面发展。同时,课程目标的设定还需与教育改革理念、学校的办学目标、课程特色、学生现状和学生发展等要素相结合。基于这些原则,我们为本校小学生制定了儿童哲学教育课程的目标——激发思考,发掘智力潜能,并设定了主要课程目标——认识生命。

生命教育关注人的起源、成长、发展,以及自然界的起源和演变,是对生命之美的体验和对生命的敬畏之情的培养,同时也是对生活的回归。小学阶段是一个人世界观和人生观形成的重要阶段,学生们的世界观和人生观还在形成中,对生命和自我认识不足,因此开展生命哲学教育显得尤为重要。

基于一级目标"认识生命",我们进一步制定了包含五个方面的二级目标,旨在通过儿童哲学教育课程的学习,帮助学生认识并接纳自我,理解社会规范和人际交往,承担起责任,关注自然环境,关爱长辈,感恩他人,并勇于面对死亡和不幸。在确立二级目标后,我们根据不同年龄段学生的特点,为各年级选定了适宜的课程内容,并组织全体教师参与教材的开发和编写。

2. 课程内容

(1) 资源整合与优化

本课程致力于集结和整合各类绘本资源,通过教师、家长、学生以及公益组织的共同参与,形成一个多元化的绘本阅读环境。教师和家长将根据学生的阅读兴趣和需求推荐优质绘本,学校图书资源也将得到相应的补充和更新。此外,鼓励学生自主参与,通过讲述绘本故事来提升自信和自我管理能力。后勤部门也将参与其中,确保每个年级的学生都能接触到适合其阅读水平的绘本。

(2) 主题化和序列化的绘本阅读

课程内容围绕学生的心理和认知发展特点设计,旨在逐步构建学生的精神世界并促进其心智成长。通过设定一系列与学生年龄相适应的阅读主题和序列,课程会把提升认知技能、观察力、交流才能、创新思维和创作力同情感与道德的成长融为一体。这些主题和序列将与学校的德育目标相协调,确保学生在不同年级能够获得均衡且有针对性的发展。

(3) 多样化的活动组织形式

课程倡导通过多元化的活动方式来提升学生对绘本阅读的体验。这包括组织教师参与绘本阅读指导交流会,以促进教师之间的专业成长和经验分享。同时,以班级为单位开展绘本阅读活动和亲子沙龙阅读分享会,让学生在互动中深化对绘本内容的理解和感悟。评价机制也将多元化,包括教师评价、学生自评、同伴互评以及家长评价,以全面反映学生的学习成效。

3. 课程实施

(1) 校内授课与校外探究相结合

校内教学:以班级为单位,利用班会课时间,通过儿童哲学绘本的阅读,引导学生进行深入思考。同时,通过"家长微课堂"这一平台,加强家校联系,共同促进学生的全面发展。

实践案例一:我们采用了《爱心树》这一绘本作为生命教育的载体,通过这个故事引导学生理解无私的爱与奉献精神。

① 导入

在课程开始之前,教师首先邀请学生分享他们对"爱"的理解。随后,展示《爱心树》的封面,并询问学生:"你们认为这棵树为什么会有爱心呢?"通过这个问题,引导学生进入故事情境,激发他们的好奇心和探索欲。

② 分段欣赏故事

教师带领学生分段阅读《爱心树》,在每个段落后提出问题,引导学生深入理解故事内容和情感。

阅读到小男孩与树玩耍的情节时,提问:"你们有没有像这个小男孩一样,与大自然有过特别的互动?"

当故事发展到男孩长大,树为他提供帮助时,讨论:"树的无私奉献让你有什么感受?"

在故事的高潮部分,当树只剩下树桩时,引导学生思考:"为什么树仍然感到快乐?"

通过这样的互动,学生不仅理解了故事情节,还学会了从不同角度去感受和思考"爱"的内涵。

③ 游戏拓展

在故事阅读结束后,教师组织学生进行一系列与故事主题相关的游戏和活动。

"爱心传递"游戏:学生轮流画出或描述他们对爱的理解和经历,其他同学尝试猜测其含义。

"感恩树"制作:学生制作一棵感恩树,并在树叶上写下他们想要感谢的人和事,然后分享给全班。

"爱的承诺"活动:鼓励学生向家人、朋友或教师做出一个小承诺,表达对他们的爱和感激。

通过《爱心树》这一绘本的教学,学生不仅学会了欣赏和理解故事中的情感,还学会了在生活中发现和表达爱。这样的课程设计有效地将生命教育的理念融入学生的日常生活中,帮助他们建立起正确的价值观和人生观。通过这样的实践活动,学生能够更加深刻地认识到爱的力量,学会珍惜、感恩和回报,为他们的成长打下坚实的基础。

校外活动:通过"家庭绘本坊"、社区阅读沙龙以及"沃岭助学"公益组织等多种形式,为学生提供丰富的阅读体验,拓宽他们的视野,同时也是对校内学习的有效补充。

实践案例二:志愿者教师与学生们一起学习了《猜猜我有多爱你》这个绘本故事。

① 导入

在出示绘本封面之前,询问学生:"你爱你的爸爸妈妈吗?你觉得爱是什么样子的呢?"(出示绘本)"看,今天我们要一起读《猜猜我有多爱你》。""看看这个封面上有什么?""我们一起来猜猜,这个故事里会有怎样的爱呢?"

② 分段欣赏故事

采用分段阅读和提问的方式,目的是帮助学生解读图片,领悟故事含义,体验爱的传递。"小兔子该上床睡觉了,可是它紧紧地抓住大兔子的长耳朵不放。它要大兔子好好听它说。'猜猜我有多爱你?'大兔子说:'哦,这我可猜不出来。'"提问:"小兔子为什么抓住大兔子的耳朵不放?它想干什么?""小兔子把手张开,张到无法再张开说:'我爱你有这么多。'大兔子也把手张开,张得不能再开了,说:'我爱你有这么多。'小兔子想:嗯,这真的很多。"提问:"小兔子和大兔子用什么方式来表达爱?你会怎么表达爱呢?"通过问答的方式,为学生营造一种自由的阅读氛围,鼓励他们大胆揣测和想象,勇敢说出自己的想法。在朗读故事时,用充满感情的声音带领学生进入故事的情境中,同时和学生一起模仿小兔子和大兔子的动作,增加互动和趣味,提高学生的阅读兴趣。

③ 游戏拓展

读完绘本后与学生交流,他心中的爱是什么样的?引导学生通过语言表述、绘画、张贴等方式,表达对父母的爱。也可以鼓励孩子给父母一个拥抱,直接传递爱的情感。

通过这个绘本故事的学习,学生能感受到父母对他们的爱,也能学会用各种方式表达自己的爱,增进亲子之间的沟通和感情。同时,让学生了解到爱是无处不在的,我们在爱中成长,也会成为爱的传递者。

(2)学材开发与课程教学相结合

学材开发:教师团队积极参与学材的编写与改进,确保学材内容的质量和实用性。

教学实践:在教学过程中,教师通过插图引导学生进行观察和想象,培养学生对自然和生活的热爱。

教师团队在开发学材时,注重绘本内容与学生生活经验的联系,以及通过绘本故事激发学生的思考和创造力。《小猪变形记》以其丰富的情节和生动的插图,成为理想的教学材料。

在教学过程中,教师借助绘本故事,启发学生去认识自我和理解个性发展。

一年级:教师通过讲述小猪变形的故事,引导学生理解每个人都有自己的特点和优势。通过观察绘本中的插图,学生学习描述小猪变形的过程,并鼓励他们分享自己与众不同的地方。

二年级:学生通过小组讨论,探讨小猪变形后的各种经历,以及这些经历如何影响了小猪对自己的看法。教师引导学生从故事中学习尊重和欣赏每个人的独特性。

三年级及以上年级:学生开始更深入地分析故事中的角色和情节,讨论小猪变形的意义以及它对周围世界的影响。教师鼓励学生通过写作和绘画表达自己对个性和自我认同的理解。

教学活动包括以下三部分:

① 角色扮演:学生分组扮演小猪和它遇到的角色,通过角色扮演来深入理解故事情节和角色动机。

② 创意绘画:学生根据故事情节创作自己的插图,展示小猪变形的不同阶段,以此锻炼想象力和创造力。

③ 主题讨论:教师组织学生就"如何接受自己和他人的不同"进行主题讨论,引导学生认识到每个人都有其独特之处,应该相互尊重和欣赏。

通过《小猪变形记》这一绘本的教学,学生不仅提升了阅读理解和艺术表达能力,还在情感认知和个性发展方面得到了显著的成长。这样的教学实践有效地将生命教育的理念融入学生的日常生活中,帮助他们建立起积极的自我形象和对他人的尊重。通过这样的实践活动,学生能够更加深刻地认识到个体差异的价值,学会欣赏多样性,为他们的成长打下坚实的基础。

(3)模块与主题学习相结合

主题学习:课程围绕生命的五个主题——起源、成长、高峰、衰弱和死亡,引导学生进行人文探究,体验生命的多样性和丰富性。

模块化教学:针对不同年级的学生,设计相应的教学模块,确保教学内容与学生的认知水平相匹配。例如,低年级学生通过绘本学习,感受亲情之爱;高年级学生则通过深入讨论,理解生命的价值和意义。

实践案例三:《花婆婆》

① 导入环节

展示绘本封面,引导学生观察封面上的元素,猜测故事内容,引入绘本名字。

② 阅读绘本,了解花婆婆的经历

讲述花婆婆从小到年老的人生经历,包括她的梦想和她为实现梦想所做的努力,强调花婆婆对他人的影响和她传递的爱与美好。

③ 探讨生命的意义

引导学生讨论花婆婆的行为给他人和世界带来的改变;思考自己在生命中如何像花婆婆一样创造美好。

④ 联系实际

让学生分享自己在生活中可以为他人和世界做出的贡献。

⑤ 总结与延伸

总结绘本的主题,强调每个人都可以在生命中创造美好,传递爱与美好;鼓励学生在生活中践行花婆婆的精神。

通过这个绘本阅读,学生能够理解生命的意义不在于个人的成就,而在于对他人和世界的贡献。这有助于培养学生的责任担当意识和关爱他人的思维,同时,也让他们认识到每个人都可以在自己的生命中创造美好,从而提升他们的创造性思维和激发积极向上的情绪。

4. 效果评估

在绘本阅读课程实践中,我们采取了一种全面而深入的效果评估方法,以确保课程的有效性和持续性。评估的核心理念是"价值多元性",旨在通过多角度的评价方式,全面审视学生在绘本阅读及相关活动中的表现和发展。

(1) 学生评价维度

① 思维能力:评价学生在发现、提出、分析和解决难题方面的思维水平。

② 表达能力:评估学生的表达水平,考察他们能否有效地传达自己的思考和观点,做到逻辑清晰、流畅有序。

③ 合作能力:评估学生的合作水平,考察他们倾听、接纳并批判性修改他人观点以优化自身见解的能力。

④ 学习态度:评估学生参与课程活动的积极性和投入的热情度。

例如,五年级的吴同学在参与《活了100万次的猫》的课堂活动后,提出了关于生命和死亡的深刻问题,并能够整合同伴的观点,形成自己的见解。这表明她在思维能力和表达能力方面取得了显著的进步。四年级小武同学的家长侯女士对课程的评价反映了课程对学生家庭生活的积极影响。通过亲子共读,不仅增强了家庭内的沟通和亲子关系,也激发了学生对生命教育的深入思考。

(2) 教师评价维度

① 教学环节的科学性与层次性:评价教师在明确教学目的、清晰教学内容、合理教学方法和良好教学素养方面的表现。

② 教学过程对课程目标的达成度:评价教师是否关注学生学习并为实现课程目标做出贡献。

③ 专业水平提高程度:评价教师在开发和建设儿童哲学课程过程中专

业水平的提升情况。

本校青年教师小沈老师的评价强调了教师在设计和实施儿童哲学绘本教育课堂中的重要性。教师需要深入理解绘本内容,关注学生的疑惑和需求,以儿童化的语言激发学生的哲学思考。

通过这些多维度的评价方法,我们能够科学有效地对教师的教学和学生的学习进行评估。评价不仅关注即时效果,还包括阶段性和长期发展的评价。这样的评价体系旨在促进师生的共同发展,提高教学质量,同时也为学生提供了一个充满挑战和机遇的学习环境。通过这样的评估,我们能够确保每位学生都能在绘本阅读课程中获得最大的发展和成功。

四、实践研究的结果与分析

1. 学生阅读能力与思维发展的变化

实践研究显示,绘本阅读课程显著提高了学生的阅读理解和分析能力。学生们通过阅读丰富多样的绘本,不仅提升了对语言文字的理解力,还增强了对图画信息的捕捉和解读能力。此外,绘本中的哲学元素激发了学生的好奇心和探究欲,促进了他们的批判性思维和创造性思维的发展。学生们变得更加愿意主动提问,对周围世界拥有更加开放和多元的视角。

2. 教师教学观念与方法的转变

教师们在参与绘本阅读课程的过程中,逐步摒弃了传统的填鸭式教学模式,转而采用更加互动式和启发式的教学方法。他们开始重视学生的主体性,鼓励学生发表自己的见解,并通过讨论和合作学习引导学生深入理解课程内容。教师们注重因材施教,致力于满足每个学生的个性化学习需求。通过参与课程设计和教学实践,教师们的专业素养和教学技能得到了显著提升。

3. 构建和谐的家庭氛围

绘本阅读课程的实施不仅局限于学校,还延伸到了家庭。通过"家庭绘本坊"和"家长微课堂"等活动,家长被积极引入孩子的学习过程中,共同参与到阅读和讨论中来。这种亲子共读的模式加深了家庭成员间的沟通和理解,营造了一个更加温馨和谐的家庭环境。家长们反映,通过这些活动,他们与孩子之间的关系更加亲密,家庭文化生活也更加丰富多彩。

4. 学校文化与教育环境的优化

绘本阅读课程的推广和实施,促进了学校文化的积极发展。学校图书馆和阅览室的资源得到了充分利用和丰富,学校环境也因绘本的引入而变得更加多彩和富有教育意义。此外,学校还通过组织绘本创作比赛、绘本剧表演等活动,提高了学生的参与度和校园生活的趣味性,从而优化了整体的教育环境。

5. 社会认知度与支持度的提升

随着绘本阅读课程在学校的深入实施,社会各界对这种新型教育模式的认知度和支持度也逐渐提升。家长、社区成员和教育专家等都对绘本在儿童生命教育中的作用表示认可。学校通过与社区合作,开展公共阅读活动,进一步扩大了绘本阅读教育的社会影响力,为学生的全面发展创造了更加有利的社会环境。

五、存在的问题与挑战

在绘本阅读课程的实践研究中,我们发现了一些亟待解决的问题和面临的挑战,这些问题的解决对于课程的持续改进和优化至关重要。

1. 教学实践的挑战

当前,教师在实施儿童哲学绘本教育课程时,面临的一大挑战是缺乏足够的实践经验。这种新的教学模式要求教师跳出传统的教学框架,但这一转变并非一蹴而就。教师在全面理解绘本内容、准确把握学生学情,以及有效地促进学生自主学习等方面还存在不足。此外,学习小组的潜力尚未得到充分发挥,教学节奏的控制也有待加强,给予学生深入思考的时间还不够充分。为了解决这些问题，我们需要在后续的教学研究和实践中，通过集体备课和精心的教学设计来提升教学质量，并在实践中不断总结和提炼经验。

2. 绘本选择与课程本地化的改进

另一个问题是绘本的选择和课程的本地化改造。作为国家课程的补充，儿童哲学绘本课程需要更好地与国家课程标准相结合。这要求教师不仅要对国家课程有深入的理解，还要在绘本的选择上做好与国家教育目标的对接。这涉及对绘本内容的适性取舍，以确保它们能够有效地支持和补充国家课程的实施。为了实现这一目标，学校需要不断提升教育科研能力，以支撑课程的持续发展和完善。

3. 教学理念的转变

第三个挑战是将教学重心从"教"转向"学"，真正践行"让学生成为课堂的主人"的理念。儿童哲学绘本课程旨在激发学生的好奇心和思考力，因此，教师需要从传统的讲授者角色转变为学习的引导者和促进者。这要求教师在课堂上为学生提供充足的时间来观察和体验绘本，设计有效的交流和表达方式，让学生在愉悦的氛围中学习和成长。为了实现这一转变，教师需要通过教学改革来更新他们的教学理念和方法，从而更好地适应现代教育的需求。

六、未来研究方向

1. 课程内容的深化与拓展

研究如何将儿童哲学绘本阅读课程与学生的日常生活经验相结合，使课程内容更加贴近学生的实际需求。同时，探索如何将更多的文化元素和哲学思想融入绘本阅读中，以丰富学生的世界观和价值观。

2. 教师专业发展

针对不同学科背景的教师，开展专业培训和研讨，提升他们在儿童哲学绘本阅读教学中的专业能力和创新意识。同时，研究如何建立教师之间的协作机制,促进跨学科的教学实践和资源共享。

3. 学生阅读体验的优化

研究如何通过创新的阅读活动和互动方式,提高学生的阅读兴趣和参与度。例如,可以通过故事剧场、绘本创作比赛等形式,让学生在参与中体验阅读的乐趣,从而更深入地理解和吸收绘本中的哲学思想。

4. 家校社会协同育人模式

探索如何将家庭、学校和社会资源整合,形成家、校、社会协同育人的教育模式。研究家长和社区如何参与到儿童哲学绘本阅读课程中来,以及如何通过家校合作,共同促进学生的全面发展。

5. 评价体系的构建

研究建立一套科学、全面的评价体系,以评估儿童哲学绘本阅读课程的教学效果和学生的个人成长。评价内容涉及学生的阅读理解、批判性思考,还包括情感态度和价值观的考量。

6. 课程资源的开发与整合

基于现有成果,进一步开发和整合适合不同年龄段学生的绘本资源。研究如何利用现代信息技术,如数字绘本、在线阅读平台等,来拓宽学生的阅读渠道和提升阅读体验。

7. 长期影响的跟踪研究

开展长期的研究,跟踪学生从绘本阅读课程中获得的长期影响,包括其对生命教育的理解和态度,以及这些影响如何体现在学生的日常行为和人际交往中。

通过上述研究方向的深入探讨和实践,可以不断优化儿童哲学绘本阅读课程,使其在小学生命教育中发挥更大的作用,为学生的全面发展和人格塑造提供更加坚实的支持。

以绘本阅读课程启智润心

——乡村小学德育校本课程建设的探索与实践

上海市新中考改革方案明确要求:"学生综合素质评价"在中考改革中占据重要位置,未来教育更加看重学生的综合能力。乡村学校如何根据学生个性、尊重学生需求开展多元化课程体系的建设,如何进一步开发健全并完善校本课程,一直是教育工作者在思索的问题。笔者在多年的小学德育工作中,探索出一种便捷有效的教育途径,即建设适性的小学生绘本阅读课程,以儿童绘本阅读启智润心。

一、乡村小学开设绘本阅读课程的必要性

绘本是指"通过一系列的图画和少许相关文字或完全没有文字结合,以达到传递知识或讲述故事目的"的书籍。绘本以图文结合的方式来讲述生动有趣的故事,符合小学生的年龄特点和认知规律。小学生阅读优秀的绘本,可以更有效地建构精神世界,促进心智发展,逐步培养良好的道德品质和行为习惯。

绘本阅读课程是指围绕小学办学目标和小学生核心素养的养成目标,设计和选择匹配的绘本,辅以丰富多彩的绘本阅读学习活动,使学生的素养得到提升。乡村学校学生父母的学历水平普遍不高,多数家庭的教育资源比较匮乏。学校开设并设计投入不大、便于结合国家教材的主题性绘本阅读课程,同时将课程实施延伸到家庭,既丰富了学校课程,满足了学生家庭教育的需要,又弥补了家庭教育资源的缺乏,落实了课外德育。

二、"绘本阅读课程"的内容建构

1. 绘本阅读序列化

按照小学生养成性规律,根据年段特点,以学生的情感道德发育培养为经线,以小学生的认知能力、观察能力、沟通能力、想象力、创造力培养为纬线,基于学校德育系列目标,在各年级设计不同绘本阅读主题、情感目标、能力目标并推荐书目。(见表1)

表1 上海市三灶学校各年级学生绘本阅读序列一览表

年级	主题	情感目标	能力目标	推荐书目
一年级	生命的起源	认识自己,悦纳自己	认知能力、观察能力	《小威向前冲》《我是女孩我弟弟是男孩》《我宝贵的身体》《小鸡鸡的故事》《两人的故事》《爱的故事》《我的弟弟出生了》《乳房的故事》
二年级	生命的成长	教养规则,人际交往	沟通能力	《是谁送的呢》《别想欺负我》《野兽国》《我们和好吧》《对不起》《我有友情要出租》《利勒比找到一个好朋友》《你真好》《蚂蚁和西瓜》《狼狼》《白色的猫头鹰》《鸭子说"不可以"》《鳄鱼莱莱》《好朋友》《一粒种子》
三年级	生命的高峰	责任担当,关注自然	想象力	《动物绝对不应该穿衣服》《妖怪山》《小狗的便便》《青蛙与蟾蜍好伙伴》《大猫来了》《我的朋友是怪物》《雪地里的脚印》《喂,小蚂蚁》《为什么小猫不会说话》

续表

年级	主题	情感目标	能力目标	推荐书目
四年级	生命的衰弱	关心长辈，感恩教育	创造力	《猜猜我有多爱你》《外婆变成了老娃娃》《不要和青蛙跳绳》《逃家小兔》《爱心树》
五年级	生命的死亡	直面死亡，坦然接受	情感发育	《獾的礼物》《爷爷变成了幽灵》《活了一百万次的猫》《祝你生日快乐》《楼上的外婆和楼下的外婆》《一片叶子落下来》

2. 课程资源整合化

基于乡村小学生的身心特点和发展需要，围绕不同年级绘本阅读的主题和内容，整合绘本资源，丰富绘本数量，精选绘本阅读内容，提升课程师资力量。包括教师推荐、家长推荐、学校图书补充、同学交换；帮助学生选择购买口袋绘本；优化师资力量，选择德才兼备的教师、家长、优秀志愿者讲解绘本；开设故事课堂请学生自主登台讲绘本故事；图书室、阅览室、图书角等为不同年级摆放不同的绘本。

三、绘本阅读课程的实施路径

学校以绘本课程的落实为抓手，以年级组的班主任为绘本课程的主要落实者，结合语文、道德与法治等国家课程的教学需要以及学校德育主题活动的要求，带动相关教职员工参与到绘本课程的落实中来，使不同层次的教职工都有面向学生开展教育工作的获得感。

1. 将绘本阅读作为语文教学的延伸

小学教材中景、物描写的课文较多。学习中，小学生面对课文插图能将画面描述得栩栩如生。在读图说图中，学生的观察和想象能力得到发掘，热爱大自然的感情也得到培养，情感认知水平得到发展。作为教学延伸，学校可以精心选购与教材匹配的绘本作为补充,指导学生进行绘本阅读。

2. 将绘本阅读作为专题教育的配套教材

围绕国家德育课程,结合学校开展的教育专题,将系列主题绘本阅读作为配套的教育教材。比如,"爱国主义""道德与法治""生命教育"等。

3. 将绘本阅读作为校本课程的重要支撑

在国家、地方、学校三级课程的管理中,校本课程需要结合学校实际组织建设。在课程资源相对匮乏的乡村学校,绘本阅读是非常理想的课程建设抓手,它的多元主题和丰富资源,极大地方便了乡村学校的校本课程建设。

4. 将绘本阅读作为学生管理的有效抓手

小学生的可塑性强,结合学生和班级管理,实施行为引导和品行教育的绘本阅读,结合绘本开展行为矫正和效仿,会起到事半功倍的作用。

5. 将绘本阅读作为家庭教育的有效补充

适时开展家校绘本阅读活动,引导家长亲子伴读,可以促进家庭和睦,便利了家长"亲其子,授其道",同时也丰富了家长和教师互动交流的话题。部分家长还可以发挥自己的优势参与到学校绘本课程的建设中来,丰富学校的绘本课程资源。

四、绘本阅读课程的评价

评价应坚持"价值多元性"的信念,强调的是"多元价值"和"建设性"的立场,不只限于课堂学生的课堂回答和教师的课堂教学。采用教师、同伴、学生等多角度评价的方式,全面评价学生在绘本阅读及相关方面的优点与不足,鼓励为主,注重可持续性。同时也应注重发挥教育、改进与激励功能,使评价的过程成为促进师生发展和提高的过程,使每一位参与者都能获得最大限度的发展和成功——教师和学生在儿童哲学的教学过程中,锻炼思维能力,提高思辨能力,形成基本的哲学思维和思辨概念。对学生的课前探索、课堂投入和课后投入进行的评价应该整体地、全面地、过程性地进行。对于教师而言，课前的备课和预设、课堂的教学机制、课后的必要反思、对学生发展性评价等多方面内容，都是重要的评价标准参考内容。为保证评价的客观全面性和效用性，应科学而有效地对教师的教和学生的学进行相应评价，制定一系列内容细致的评价表。课程评价方式囊括即时性评价、阶段性评价、发展性评价、学校评价和学生评价等多种方式。

1. 学生评价相应的四个维度

① 思维能力评价：学生发现问题、提出问题、分析问题、解决问题等能力。

② 表达能力评价：学生能清晰、连贯、有条理地表述自己的理解和观点的能力。

③ 合作能力评价：学生善于倾听和批判性地接受同伴的观点与意见，同时不断修正和完善自己的观点的能力。

④ 学习态度评价：学生对课程活动的参与和投入的程度。

现以五年级学生评价表为例（见表2）。

表2 "儿童哲学绘本阅读课"学生评价表（五年级）

评价内容	评价指数（最高五颗星）
我思考并知道了什么是死亡	☆☆☆☆☆
我积极举手并大胆发言	☆☆☆☆☆
我积极参与讨论并倾听他人	☆☆☆☆
我很喜欢本堂课	☆☆☆☆

2. 教师评价相应的四个维度

教师评价的相应的四个维度为（见表3）：

① 教学环节的科学性、层次性。

② 教学过程对课程目标的达成度。

③ 对每一名学生的关注程度。

④ 在开发和建设儿童哲学课程过程中专业水平的提高程度。

表3 "儿童哲学绘本阅读课"课堂教学评价表

项目	序号	评价指标	评价等第			
			A	B	C	D
教师的教	1	教学目的				
	2	教学内容				
	3	教学过程和方法				
	4	教学基本素养				
	5	教学即时效果				
学生的学	6	主动参与程度				
	7	思维活跃程度				
	8	同伴合作				
	9	学习效果				
精彩瞬间						

乡村学校的绘本课程建设是一个长期的不断实践、完善的过程。绘本课程建设让绘本走进乡村学校和学生家庭，让阅读成为丰富学校课程、完善学生养成、开展德育教育的重要抓手；绘本课程建设成为优化家庭教育、丰富家庭精神文化生活和开展文明家庭建设的重要组成部分，其课程价值是难以估量的。

总之，相比于苍白的说教，借助绘本阅读，只要用对了方法，在短短几个月的时间内，甚至一瞬间，德育的效果就会呈现。给学生绘本这样一个支点，他们将会撬起整个世界。我们相信绘本会赋予学生丰盈的内心，助他们拥有多彩的童年，丰富的生命底色，阅读绘本会是他们的一场健全人格的生命之旅。这是培根铸魂的良策,是启智润心的佳径。塑造求真、向善、尚美的灵魂,培养体健的生命是所有教师的使命,为了做得更好,我们愿不断尝试以绘本育人的策略。

参考文献

[1] 吴国平.课程中的儿童哲学[M].上海:上海教育出版社,2018:45-46.

以绘本为载体的儿童哲学亲子阅读实践探究

　　儿童阅读是培养孩子智力、情感和人格发展的重要途径之一。然而,传统的儿童读物往往只注重故事情节和知识传递,忽视了儿童思维的培养。在这个信息爆炸的时代,培养儿童的批判性思维、逻辑思维和哲学思维变得尤为重要。因此,将绘本作为载体,引入儿童哲学亲子阅读实践,成为了一种新的教育方式。本文旨在探究以绘本为载体的儿童哲学亲子阅读实践的有效性和对儿童思维发展的影响,为家庭教育和儿童阅读提供新的启示和思考。

　　目前家庭和社会对于儿童哲学的教育理念和方法,存在着一定的不理解和质疑。很多家长一看到"哲学"这个词就感觉很高大上,可能认为儿童太小不适合接触哲学,或者认为哲学是一门高深的学科,不适合儿童学习。其实,儿童哲学并没有那么高深。通俗来讲,儿童哲学是一种特殊的教育形式,旨在引导儿童思考和探索哲学问题。它以儿童的好奇心和思考能力为基础,通过引导儿童对生活中各种问题的讨论和思考,激发儿童的哲学思维和创造力。它更加注重培养儿童的思辨能力、创造力,以及批判性思维等重要的综合素养。儿童哲学不仅仅是学校教育的一部分,它也应该成为家庭教育的重要组成部分。为了实现这个目标,建议鼓励家长积极参与儿童哲学活动,与孩子一起进行思考和讨论。

　　如何和孩子进行亲子阅读呢?我们认为,儿童哲学绘本是很好的载体。绘本是指"通过一系列的图画和少许相关文字或完全没有文字结合,以达到传递知识或说故事目的"的书籍。绘本以图文结合的方式来讲述生动有趣的故事,符合小学生的年龄特点和认知规律。小学生阅读优秀的绘本,可以更有效地建构精神世界,促进心智发展,逐步培养良好的道德品质和行为习惯。绘本不仅是讲故事,学知识,而且可以全面帮助孩子建构精神世界,培养多元智能。

接下来,我们就结合《我爸爸》这个绘本进行探讨。

第一阶段:选择绘本

选择适合孩子年龄的绘本,包括一些与哲学问题相关的故事。《我爸爸》这本绘本从孩子的视角去描绘了他眼中的父亲,将抽象的父爱化于形,通过一幅幅风趣幽默的图画将伟大的亲情直观地展现出来,很有趣,也很真实。周同学的爸爸是一位援藏干部,常年不在家,她很想念爸爸。于是,她的妈妈通过亲子阅读,像朋友一样和孩子交流,与孩子一起回忆每个平常日子里和爸爸相处时的温暖和爱,促进和构建了更和谐的亲子关系。

第二阶段:绘本阅读与讨论

与孩子一起阅读绘本,并引导他们理解故事情节和角色之间的关系,并提出一些哲学问题。例如,在出示绘本封面之前,先问孩子,你的爸爸是怎么样的?你喜欢你的爸爸吗?(出示绘本)看,今天我们一起读《我爸爸》。看看这个封面上的爸爸,他穿了什么颜色的衣服?和你的爸爸一样吗?我们一起仔细看看,爸爸到底是一个怎样的人。通过分段阅读和提问的方式,让孩子理解画面和故事内容,感受爸爸的勇敢和温暖。"我爸爸什么都不怕!连坏蛋大野狼都不怕。他可以从月亮上头跳过去,还会走高空绳索。在运动会的比赛中,他轻轻松松就跑了第一名。爸爸真的很棒!"提问:"故事中的爸爸做了哪些很勇敢的事情?"

"我爸爸吃得像马一样多。"提问:"故事中说爸爸像什么?""你觉得你的爸爸像什么?"

通过问答的方式,为孩子营造一种自由的阅读氛围,鼓励孩子大胆揣测和想象,勇敢说出自己的想法。

在朗读故事的时候,妈妈会用语调的抑扬顿挫、语速的急缓转变来带领孩子走入"故事"的情节中。同时在朗读过程中,妈妈还会和孩子一起模仿书中人物的表情和动作,及时对故事内容进行反馈,提高孩子阅读的兴趣。

读完绘本之后跟随孩子的思考,一起探讨哲学问题。鼓励他们表达自己的观点,并尊重他们的想法。引导孩子通过提问和互动来扩展思考,例如,"你怎么知道这个答案?""你同意其他人的观点吗?"等问题。帮助孩子发现和理解不同的观点,培养接纳多样性和尊重他人观点的意识。

第三阶段:创造与表达

1. 鼓励孩子使用绘画、手工制作、角色扮演等方式来表达自己的想法和观点。例如,她心中的爸爸是怎么样的?通过自己的语言说一说、画一画、贴一贴、抱一抱,更好地促进孩子和父亲之间的沟通,让彼此更贴近一点,因为爱需要及时表达。

2. 提供一些开放性的活动,例如,让孩子设想自己的理想世界、编写故事情节等,培养他们的创造力和想象力。

3. 如果是有其他小朋友一起参与的,就可以组织一些小组活动,让孩子们合作探讨和解决问题,培养他们的团队合作和沟通能力。

通过绘本的学习,孩子感受到了父爱、母爱、亲情的爱,了解爱就在自己的身边,我们会成为所爱的样子,是爱成就了我们每一个人。

在阅读交流中,家长如何进行指导呢?

1. 鼓励孩子参与儿童哲学课程,但不要强迫他们。尊重孩子的兴趣和意愿,让他们在自己感兴趣的问题上进行思考和讨论。

2. 在探讨过程中,要给予孩子足够的时间思考和表达自己的观点,不要急于给出答案或评判他们的想法。

3. 鼓励孩子多读绘本,提供他们丰富的阅读材料,让他们接触更多不同主题和哲学问题的绘本。

4. 在日常生活中,与孩子分享一些有趣的问题和观点,引导他们思考和表达自己的想法。

5. 让孩子参与一些与哲学相关的活动,例如,参观博物馆、参加哲学讨论小组等,拓宽他们的视野,提升他们的思维方式。

通过儿童哲学的学习,我们可以为儿童打开哲学的大门,让孩子们学会通过思考和讨论来分析问题、思考解决问题的方法,培养他们的思辨能力和思考习惯,让他们在阅读中不仅获取知识,更重要的是培养独立思考和解决问题的能力,同时,儿童哲学也注重培养儿童的价值观,通过讨论和思考,让儿童思考并形成自己的价值观念,培养他们的道德判断和责任意识,为他们未来的成长奠定坚实的基础。

点亮心中那道光

"妈妈,这是什么呢?妈妈,你为什么要把这个放在这里,把那个放在那里呢?妈妈……"小萌娃有太多太多的问题要问了。

妈妈说:"宝贝,垃圾要分类,不能乱扔哦,在家里要这样分类,在社区更要这样。"

"妈妈,妈妈,那社区又是什么呢?"

妈妈说:"小傻瓜,社区就是我们共同生活的小区啊!"

"妈妈,为什么社区也要垃圾分类?"

妈妈说:"因为我们要维护社区干净整洁的环境,做个好居民啊!"

"那我可以不做好居民吗?"

以上是两岁半小萌娃的状态。

"妈妈,你不用帮我,这个我自己来。""爸爸,让我来帮助你,这个我会的。""不行,奶奶,我就要这样子的……"

以上是四岁半小娃的行为。

"爸爸,爸爸,世界上真的有恐龙吗?"小萌娃的小脑袋里总有太多奇奇怪怪的问题要解决。

爸爸说:"恐龙啊,它在地球上生存了很长时间,现在已经灭绝了。"

"爸爸,恐龙为什么会灭绝呢?"

爸爸说:"科学家认为是环境改变让恐龙灭绝的。"

"爸爸,那人类也会灭绝吗?"

以上是五岁半小娃的意识。

爸爸妈妈,我要告诉你们,我可是自己长大的,将来我也会自己死去。

不然你告诉我呀,你们是怎么控制我长大的呢?你们给我吃的,我就吃了;你们给我穿的,我就穿了。你们不给我吃的,我就不吃了吗?你们不给我穿的,我就不穿了吗?虽然你们给了我吃的,也给了我穿的,没让我饿死,但我就是自己长大的。如果我不是自己长大的,难道你们是孙悟空,吹一口气就把我变大了?

以上是六岁半小娃的认知。

儿童的世界如此丰富多彩,在生命的不同年龄阶段,所谓的这样与那样、行与不行、该与不该其实就是辩证的概念,再高大上一些,就是哲学这个概念。此刻,你会不会恍然大悟:哦,原来我早在两三岁就懂哲学了啊。对的,一点都没错,哲学就在你们刨根究底追问的为什么中,就在你们顺其自然的成长中。只是当时你们并不知道那些为什么已经涉及哲学范畴而已。

朱自清先生在《匆匆》一文中如是说:

燕子去了,有再来的时候

杨柳枯了,有再青的时候

桃花谢了,有再开的时候

但是,聪明的,你告诉我,我们的日子为什么一去不复返呢?

聪明的你,现在一定发现了吧,这还是一个为什么的问题。

年复一年,你身边的事物循环往复,生生不息;可属于你我的生命却只有一次。如何在有限的生命里留下不朽的印记,这还是"有与无"的辩题。

古希腊哲学家亚里士多德曾经在《形而上学》中说:"不论现在,还是最初,人都是由于好奇而开始哲学思考,开始是对身边所不懂的东西感到奇怪,继而逐步前进,而对更重大的事情产生疑问,例如关于月相的变化,关于太阳和星辰的变化,以及万物的生成。"

当天真活泼的儿童好奇心遇见五彩缤纷的大千世界时,会产生怎样神奇的反应?这就是稍纵即逝的人类精神世界的永恒之光!

三灶学校的青年教师沈澍煜是这样点亮这道光的:

绘本被认为是最适合幼儿阅读的图书，通常在学前班时期运用于教学中，是幼儿启蒙教育不可或缺的教学载体。诚然，对幼儿园小朋友来说，绘本能通过唯美的插画和浅显易懂的语言带给他们视觉上的体验和跌宕起伏的故事。但是将儿童哲学绘本作为载体运用于小学阶段的教育是一项艰难的任务，因为教师不能仅仅停留在通过绘本让学生明白道理，更要发展他们的哲学思考能力。

在设计儿童哲学绘本教育课堂时，教师需要自己先走进绘本，仔细钻研绘本，才能开展一节有效的课堂。绘本与语文课文不同，不仅有文字，还有图片。因此教师需要关注其中的图画和文字，从孩子的角度思考他们每次翻页时会存在什么疑惑，从图片和文字上分别了解到什么信息。只有教师细细推敲、反复琢磨，才能引导学生读懂故事、发现细节、感悟内涵。

在课堂中教师要以学生为主体，激发学生的哲学思考能力。我发现在儿童哲学绘本教育课堂上，学生比平时更乐于表达自己的观点。络绎不绝的小手举起，异想天开的回答令人感到惊喜。在课堂上教师不仅是引导者，还是倾听者，此时教师和学生是一种真正的平等关系。我时而因学生的回答引发思考，时而窘于他们的问题，原来学生们可以独立地提出问题、发表看法，这就是一种哲学行为。当然课堂上仍然有进步的空间。课堂上不仅展示绘本的图画，教师可以制作更精美的、图文声并茂的多媒体课件，还可以自创一些绘本教具。有趣的画面和教具可以让学生更乐于参与课堂，提升课堂积极性。除此之外，在上课过程中，教师应注意课堂语言儿童化，不要用过分哲学、"大人的语言"和学生交流。还要给学生充分的思考时间和交流时间，争取给每一位想发言的学生表达观点的机会。

想要持续地培养儿童的哲学思考能力，还需要家校配合培养学生的自主阅读习惯和提升教师的绘本教学能力。学校可以开展绘本阅读比赛、家校绘本阅读指导、绘本读书沙龙等活动，让学生、教师、家长一同参与进来。学校还可以邀请专家为教师们开展讲座，提升教师的专业能力。希望儿童哲学绘本教育今后能渗透到学校和家庭的教育中,培养儿童的哲学思考能力,实现绘本教学常态化。

三灶学校的家长是这样进行家庭儿童哲学亲子建设性学习的:

记得民国课本上有这么一句话:"教育的最高境界是使人对生命敏感,物换星移不及一个小孩在谷仓一角沉思麻雀之死更加动人。"对于孩子,甚至很多成年人来说,生命教育是个宏大而又必须面对的话题。因为这世间的每一个生命都是珍贵、独特的,我们每个人只有意识到这一点,才会更加珍爱自己,同时尊重他人。

我的孩子大麟就读的三灶学校开设了儿童哲学绘本教育课程,他们班级最近这一年上了不少哲学教育开放课,其中几节课是有关生命哲学教育,如《小威向前冲》《爱心树》……作为学生家长,我也有幸参与听课。课程的实践,让我们得以近距离接触生命教育,受益颇多,不仅给我们父母带来了很多触动,也给孩子带来了许多的知识、欢乐和思考……记得有一天孩子参加葫芦丝演奏比赛,快上台之前,他非常紧张,我鼓励他说:"你平常练习得很认真,你吹奏了很多次,都特别好听,别担心,你是最棒的!"他深深地吸了一口气,然后非常自信地说:"对,我是最优秀的孩子,我是最幸运的那只小蝌蚪,所以我才来到了妈妈肚子里,成为了妈妈的孩子。"然后就信心满满地上台表演了。后来,我问他,你怎么知道自己是最幸运的小蝌蚪?他说《小威向前冲》里说了,只有最幸运的小蝌蚪,才有机会成为每个妈妈的孩子,还有几亿只小蝌蚪因为不够幸运,他们就错失了机会,无法来到这个世界,所以教师也说了,我们世界上的每个生命都是最优秀的。

在学校儿童哲学课程的引领启发下,无论是孩子还是我们家长对哲学绘本的阅读兴趣都日益浓厚,通过各种机会,我们从图书馆、亲朋好友处借阅或网购了不少绘本,开始了亲子共读。不少优秀的绘本让我们更深入地走进了生命教育,触动很大。比如,绘本《生命的四季》讲述了小园丁寻找花园里植物们故乡的旅程。开始,小园丁的眼睛里只有他自己的小小花园,只关心自己的花园是否足够美丽。到经过满是烟囱的森林,经过被大水淹没的核废料堆,来到宁静祥和的东方……小园丁的眼睛里,就不再只有自己的小小花园,他开始意识到:每个生命都有它的去处,让所有的种子都回归大地和自然,这才有永不枯竭的希望,这才是明天的花园。这本书的插图是细腻的彩铅画,清楚地刻画了每一个生命的最细微的特征:春天里的郁金香和洋蓟,活跃的啄木鸟、青蛙等;夏天里常见的西瓜、番茄、蚯蚓等;秋天的蘑菇、玉米、山鹑等;冬天里的洋葱、猕猴桃、白鼬……我的孩子大麟也在细细欣赏极富诗意的语言、精美的插图和简短的文字中,跟随小园丁环球旅行,不断接触神奇广袤的大自然,看到所有的生命是如何生长、被破坏的,感知到了每个生命的珍贵且值得被尊重与关怀。我想这本书也会成为他思想中永不枯萎的精神源泉。

起于学校,拓展到家庭的哲学绘本共读愉悦了我们的身心,让亲子关系更加融洽,当然给孩子也带来了许多的思考、知识、欢乐……我们深深感受到,基于优秀的绘本哲学读本,生活中的万事万物,都能引起孩子们的哲学思考,继而发展孩子们的思维能力。因此哲学绘本亲子共读,无论是对大人还是孩子来说,都是一种享受、一种提高!(出自武麟同学家长侯霞)

三灶学校的青年教师家长是这样和孩子一起进行儿童哲学的学习的:

孩子的成长中,妈妈在生活上的照顾可能更多一些,而爸爸往往因为忙于工作等原因,可能陪伴孩子的时间并不多;但是父亲的角色在孩子的成长过程中,却是不可替代的。作为父亲,对孩子成长的影响,是一种不同于来自母亲的,更为深远的影响,与孩子性格的塑造有着更深的关系。

绘本《我爸爸》从孩子的视角描绘了父亲,将抽象的父爱化于形,通过一幅幅风趣幽默的图画将伟大的亲情直观地展现出来,那么有趣,那么真实。通过亲子的阅读,家长和孩子之间可以增进沟通的机会,家长可以像朋友一样和孩子交流,倾听孩子的心声,了解孩子心中的父亲形象,促进更和谐的亲子关系,同时在阅读的过程中,还会让孩子回想起爸爸平日的温暖和爱。

一、导入

在出示绘本封面之前,先会问问孩子,你的爸爸是怎么样的?你喜欢你的爸爸吗?

(出示绘本)看,今天我们一起读《我爸爸》。看看这个封面上的爸爸,他穿了什么颜色的衣服,和你的爸爸一样吗?我们一起仔细看看,爸爸到底是一个怎样的人。

二、分段欣赏故事

通过分段阅读和提问的方式,让孩子理解画面和故事内容,感受爸爸的优点。

"我爸爸什么都不怕!连坏蛋大野狼都不怕。他可以从月亮上头跳过去,还会走高空绳索。在运动会的比赛中,他轻轻松松就跑了第一名。爸爸真的很棒!"提问:"故事中的爸爸做了哪些很勇敢的事情?"

"我爸爸吃得像马一样多。"提问:"故事中说爸爸像什么?""你觉得你的爸爸像什么?"

通过问答的方式,为孩子营造一种自由的阅读氛围,鼓励孩子大胆揣测和想象,勇敢说出自己的想法。

在朗读故事的时候,我还会用抑扬顿挫的语调、急缓转变的语速,带领孩子走入情节中。同时在朗读过程中,我还会和孩子一起模仿书中人物的表情和动作,及时对故事内容进行反馈,提高孩子阅读的兴趣。

三、游戏拓展

读完绘本之后,和孩子交流,她心中的爸爸是怎么样的?通过自己的语言说一说、画一画、贴一贴、抱一抱,更好地促进孩子和父亲之间的沟通,让彼此更贴近一点。爱也是要表达出来的。

通过绘本的学习,让孩子感受到父爱、母爱、亲情的爱。爱就在我们的身边,我们会成为所爱的样子,是爱成就了我们。(出自周芊妙家长孙佳雯)

宝贝呀,你慢慢走。你有比我们多几百倍的好奇心,不必因对世界产生怀疑或感到惊奇而担心,我们会陪着你发现这个世界的不同面。

宝贝呀,你慢慢来。我们不会急着告诉你苏格拉底和尼采是谁,你独一无二,与众不同,我们会和你一同探讨关于世界本原的话题。

宝贝呀,你慢慢长。带着求知的渴望,带着无尽的好奇,带着对新事物的喜悦,哲学就在你身边,生命就在你指尖。

你是最棒的小哲学家。

儿童哲学在促进儿童自我认知发展中的作用

摘要：随着教育理念的不断革新，儿童哲学逐渐受到关注，其在促进儿童自我认知与人际关系构建方面展现出显著成效。本研究通过实践探索，系统分析了儿童哲学对儿童自我认知能力和人际关系构建的积极影响。研究发现，儿童哲学通过哲学讨论、角色扮演、反思性写作等多样化教学策略，不仅有效激发了儿童的哲学思考能力，还帮助他们更深入地认识自我，增强自信心和自我调整能力。同时，课程中的互动与合作环节促进了儿童之间的交流与理解，培养了他们的同理心和团队合作精神，为人际关系的和谐构建奠定了坚实基础。此外，实践案例分析进一步验证了儿童哲学在促进儿童全面发展中的独特作用，展示了其在教育领域的广阔应用前景。

关键词：儿童哲学　自我认知　人际关系构建　教育实践　全面发展

一、儿童哲学教育概论

1. 儿童哲学教育的意义

儿童哲学教育，作为一种别具一格的教育模式，其核心在于通过哲学思维的系统训练，有效激发儿童的思考能力，并致力于培养他们形成批判性思维和独立判断能力。这种教育方式不仅对于儿童在知识层面的学习具有显著的促进作用，更在情感、道德以及社会性发展等多个方面扮演着重要的角色。

通过实践儿童哲学教育的理念，我们发现，它鼓励儿童勇于提出问题、敢于质疑现状，这种态度和精神不仅有助于儿童更深入地理解自我，也能推动他们对周围世界形成更为全面和深刻的认知。在这个过程中，儿童不仅能够锻炼自己的思维能力，更能在与他人的交流和讨论中，学会倾听、理解和尊重他人的观点，从而培养起良好的人际交往能力和社会责任感。

儿童哲学教育在促进儿童自我认知发展方面，具有特别重要的意义。通过引导儿童进行深入的哲学思考，他们不仅能够更清晰地认识到自己的内心世界，包括自己的价值观、信仰和人生目标等，还能在这个过程中，发现自己的潜能和特长，从而更有针对性地规划自己的未来发展方向。

儿童哲学教育也在很大程度上推动了学生人际关系构建能力的发展。在哲学讨论的课堂上，学生需要与他人进行频繁的互动和交流，这不仅能够提升他们的语言表达能力和沟通技巧，还能帮助他们学会如何在不同情境中，妥善处理各种人际关系问题，从而建立起健康、和谐的人际关系网络。

儿童哲学教育不仅对于儿童的全面发展具有重要的促进作用，在推动他们形成独立人格、提升社会责任感以及构建良好人际关系等方面，更展现出了不可替代的独特价值。因此，我们有理由相信，随着儿童哲学教育的不断普及和深入发展，它将在未来教育领域中发挥更加重要和广泛的作用。

儿童哲学教育还有助于培养儿童的道德意识。通过讨论和反思，学生能更深入地理解道德规范和价值观，形成自己的道德判断，并在日常生活中践行这些道德原则。这种教育方式不仅有助于儿童个人的道德成长，也对于社会的和谐发展具有重要意义。

儿童哲学教育还能够激发学生的创新精神和求知欲。哲学思考本质上是一种探索和创新的过程，它鼓励儿童打破常规，勇于尝试新的思路和方法。通过哲学教育，学生能够培养起对知识的热爱和对探索的渴望，这种精神将伴随他们一生，成为他们不断学习和进步的重要动力。

哲学教育的意义深远而广泛，它不仅关乎儿童个人的全面发展，也关系到社会的进步和未来。因此，我们应该大力推广和实践儿童哲学教育，让更多的儿童受益于这种富有启迪性和创造性的教育方式。

2. 儿童哲学教育的发展现状

儿童哲学教育在全球范围内受到了广泛的关注与发展。在欧美等西方国家,儿童哲学已被率先引入学校教育体系,其实践也取得了显著成效。这种教育方式的价值逐渐被全球教育界所认可——它不仅能提升儿童的思考能力,更有助于培养他们的批判性思维和独立判断力。

在西方国家,儿童哲学教育的实践已经积累了丰富的经验。例如,在美国的一些学校,儿童哲学已经成为了一门必修课程,教师通过引导儿童进行哲学讨论,激发他们的思考能力和求知欲。这种教育模式有助于儿童更好地认识自我,理解他人,进而构建和谐的人际关系。

国内也逐步认识到儿童哲学教育的重要性。越来越多的学校和教育机构开始尝试开设儿童哲学,探索适合中国儿童的教育模式。这些课程以哲学思维训练为核心,通过让学生参与讨论、提问和解决问题,培养他们的逻辑思维、批判性思维和沟通能力。

在中国,虽然儿童哲学教育的起步较晚,但发展势头迅猛。一些学校已经成功地将儿童哲学融入日常教学中,取得了良好的效果。此外,还有一些教育机构专门致力于推广儿童哲学教育,为更多的儿童提供这一独特的学习体验。

儿童哲学教育并非仅仅局限于课堂教学。在家庭教育中,家长们也可以通过引导孩子进行哲学思考,培养他们的独立思考能力和批判性思维。这种教育方式不仅有助于孩子的个人成长,还能促进家庭成员之间的沟通与理解。

儿童哲学教育在全球范围内呈现出蓬勃发展的趋势。它不仅为儿童提供了一种全新的学习方式,更为他们的全面发展奠定了坚实的基础。随着这种教育模式的不断推广和深入,相信未来会有更多的儿童从中受益。

儿童哲学教育的发展也面临着一些挑战。如何根据不同年龄段的儿童特点制定合适的教学计划和教材,如何有效地评估学生的学习成果,以及如何提高教师的专业素养和教学能力等问题都需要进一步探讨和解决。尽管如此,儿童哲学教育仍被视为培养未来社会所需人才的重要途径之一。

在中国,随着教育改革的深入推进和素质教育理念的普及,儿童哲学教育有望在未来得到更广泛的推广和应用。这不仅需要教育部门的支持和引导,还需要社会各界的共同努力和参与。让我们携手为学生们创造一个更加丰富多彩、充满哲思的学习环境吧!

随着全球化的加速和科技的发展,儿童哲学教育也迎来了新的机遇。跨国界的合作与交流为儿童哲学教育提供了更广阔的发展空间。借助互联网和现代教育技术,我们可以打破地域限制,让更多的学生接触到优质的儿童哲学教育资源。同时,科技手段的运用还可以帮助我们创新教学方式方法,提高教学效果和学生们的学习兴趣。

儿童哲学教育的发展呈现出积极向上的趋势。在全球范围内,越来越多的教育工作者和家长开始认识到这种教育方式的独特价值和意义。随着实践经验的不断积累和理论研究的深入进行,我们有理由相信儿童哲学教育将会在未来发挥更加重要的作用,为孩子们的全面发展和社会的进步做出更大的贡献。

3. 研究目的与意义

通过实践探索的方式,深入分析儿童哲学教育对儿童自我认知和人际关系构建的具体影响,是本研究的核心目的。儿童哲学教育,作为一种独特的教育形式,已经在全球范围内引发了广泛的关注。它通过哲学思维的训练,有效地激发儿童的思考能力,进一步培养他们的批判性思维和独立判断能力。这种教育方式不仅助力学生在学业上取得进步,更在情感、道德以及社会性发展等多个层面发挥着重要的作用。

儿童哲学鼓励学生们勇敢地提出问题,敢于质疑既有观念,这种教育方式极大地促进了学生对自我以及外部世界的深入理解。在这一过程中,学生的自我认知能力得到了显著提升。他们开始更加清晰地认识到自己的优点和不足，学会自我评价和自我调整。同时，通过课堂上的讨论和交流，学生也学会了如何更好地理解和接纳他人的观点，这对于他们的人际关系构建能力也是一种极大的锻炼和提升。

本文将通过具体的教学案例和数据分析，揭示儿童哲学在推动学生全面发展中的独特作用。这不仅有助于我们更深入地理解儿童哲学教育的实际价值，也为儿童教育领域提供新的思路和方法。我们期待，通过这些研究，能为儿童创造一个更加丰富多彩、更具启发性的学习环境，让他们在思考和探索中不断成长和进步。

在众多教育实践中，儿童哲学显示出其独特性和实效性。以宾夕法尼亚州立大学的一项研究为例，该研究深入探讨了社会能力在儿童同伴关系中的作用路径。研究发现，通过哲学课程的引导，学生在提升自我认知的同时，也显著提高了人际交往能力。这种提升不仅表现在学生能够更好地理解和处理与他人的关系，还体现在他们能够更加主动地参与到集体活动中来，展现出更强的团队合作精神。

进一步讲，儿童哲学通过引导学生对自我和世界的深入思考，不仅提升了认知能力，更在无形中塑造了价值观和世界观。这种深层次的思考和探索，使得学生在面对复杂问题时能够更加理性、全面地进行分析和判断。同时，通过与同伴的交流和讨论，学生也学会了如何尊重和理解他人的观点，这对于培养他们的同理心和包容心具有重要意义。

本文旨在通过深入探索儿童哲学对儿童自我认知和人际关系构建的影响，为儿童教育领域注入新的活力和思考。我们期待通过这些研究和实践，能够帮助学生在思考和探索中不断成长和进步，为他们的未来发展奠定坚实的基础。

二、儿童哲学的理论基础

1. 儿童哲学的核心理念

儿童哲学的核心理念主要体现在两个方面,即"思维训练"和"价值引导"。这两个方面共同构成了儿童哲学教育的基础,旨在全面促进学生的思维发展和价值观塑造。

在思维训练方面,儿童哲学强调通过哲学讨论和思维活动来激发学生的内在潜能。这种训练方式不仅有助于培养学生的好奇心和探索精神,还能提高他们的批判性思维和独立判断能力。通过参与哲学讨论,学生需要学会提出问题、分析问题、解决问题,这一过程中,他们的思维能力将得到极大的锻炼和提升。例如,在一些儿童哲学课堂上,教师会引导学生们就某个哲学主题展开讨论,鼓励他们从不同角度思考问题,提出自己的见解,并通过讨论和辩论来深化对问题的理解。这种教育方式不仅有助于学生在知识层面上的提升,更能培养他们的思辨能力和创新精神。

儿童哲学教育还非常注重价值观的引导。通过哲学教育,教师帮助学生树立正确的世界观、人生观和价值观,教师会引导学生们思考生活的意义、道德的价值以及人与人之间的关系等深层次问题。这种教育不仅有助于培养学生们的道德意识和社会责任感,更能让他们在面对复杂的社会现象时做出正确的价值判断和选择。例如,在面对一些道德两难问题时,儿童哲学教育鼓励学生们通过讨论和思考来寻找合理的解决方案,从而培养他们的道德推理能力和社会责任感。

儿童哲学的核心理念在于通过思维训练和价值引导来全面促进儿童的成长和发展。这种教育理念不仅有助于培养学生们的思维能力和创新精神,更能塑造他们正确的价值观和社会责任感。因此,在儿童教育中引入哲学课程具有非常重要的意义和价值。

在实际操作中,教师可以通过设计富有哲理性的讨论话题、组织丰富多样的哲学活动等方式来实施儿童哲学教育。同时,家长也可以积极参与孩子的哲学教育过程,与孩子一起探讨哲学问题、分享彼此的思考和见解。通过这些努力,我们相信儿童哲学教育将在未来发挥更加重要的作用,为学生们的成长和发展奠定坚实的基础。

2. 儿童哲学的设计原则

儿童哲学的设计原则,是以儿童为中心,全方位考虑其成长需求与发展特点,旨在通过哲学的思考训练,引导儿童形成独立思考与判断的能力。这些原则具体体现在以下几个方面。

一是以儿童为中心,关注儿童的兴趣和需求。课程设计应贴近儿童的生活实际,选取他们感兴趣的话题作为讨论起点。例如,通过引入动画片中的角色或情节,激发儿童对道德、友谊、勇气等哲学问题的思考。这样做不仅能提升儿童的参与度,还能让他们在实际体验中感受到哲学的魅力与价值。

二是注重哲学思维的培养,鼓励儿童勇于提问、敢于质疑。哲学教育不仅仅是传授知识,更重要的是培养儿童的思维方式和批判精神。课程中应设置开放性问题,引导学生从不同角度进行思考,并鼓励他们大胆发表自己的观点。通过这种方式,学生能够逐渐学会分析问题、评价观点,从而形成独立的思考能力。

三是强调互动与合作,促进儿童之间的交流和互动。儿童哲学教学应采用小组讨论、角色扮演等多样化的方式,为学生提供充分的交流机会。在互动中,学生能够学会倾听他人的意见,表达自己的观点,并尝试寻求共识。这种合作式的学习方式不仅有助于提升学生的沟通技巧,还能培养他们的团队合作精神和民主意识。

四是注重实践与应用,将哲学思维与现实生活紧密结合。哲学并非空洞的理论,而是能够指导人们生活的智慧。因此,儿童哲学应关注现实生活中的问题,引导儿童运用哲学思维去分析和解决。例如,通过讨论校园中的欺凌现象,引导学生思考公正、同情和责任等哲学概念,并鼓励他们在日常生活中践行这些价值观。

儿童哲学的设计应遵循以儿童为中心、注重哲学思维培养、强调互动与合作以及注重实践与应用等原则。这些原则相互关联、相辅相成,共同构成了儿童哲学教育的核心理念。在实际教学中,教师应灵活运用这些原则,根据学生的实际情况和需求进行调整和优化,以确保课程的有效性和针对性。通过这样的课程设计,我们有望培养出一代又一代具备独立思考能力、良好沟通技巧和深厚哲学素养的学生,为社会的未来发展奠定坚实基础。

3. 儿童哲学与自我认知、人际关系的关联

儿童哲学,通过其独特的教学方式和内容,对儿童的自我认知和人际关系构建产生了深远的影响。这种课程不仅关注知识的传授,更重视思维能力的训练和价值观的塑造,从而促进了儿童的全面发展。

在提升自我认知能力方面,儿童哲学通过引导儿童对自我进行深入的思考,帮助他们建立更加清晰和准确的自我形象。在课程中,学生被鼓励去探索自己的内心世界,去理解自己的情绪、欲望和价值观。这种内省的过程,不仅让学生更加了解自己,也提高了他们的自我意识和自我监控能力。例如,当学生在课程中讨论关于"我是谁""我想要成为什么样的人"等主题时,他们会开始反思自己的行为和态度,进而调整自己的行为以更符合自己的价值观和人生目标。

儿童哲学也为儿童提供了丰富的人际交往机会,有助于培养他们的人际交往能力和合作精神。在课程中,学生需要与他人进行讨论、辩论和合作,这不仅锻炼了他们的沟通能力,也让他们学会了如何理解和尊重他人的观点。通过这种互动,学生逐渐学会了如何在团队中发挥自己的作用,如何与他人建立良好的关系,以及如何解决冲突和分歧。

儿童哲学还通过哲学讨论和思维活动,帮助儿童建立正确的道德观念和社会责任感。在课程中,学生会接触到各种道德问题和社会现象,他们需

要运用哲学思维去分析和解决这些问题。这个过程不仅提高了他们的道德判断能力,也让他们更加关注社会问题,愿意为社会做出贡献。

儿童哲学与儿童的自我认知和人际关系构建密切相关。通过这种课程的学习,儿童不仅能够更好地了解自己,也能够更好地与他人相处和合作。这对于他们的未来发展具有重要的影响和意义。因此,我们应该重视并推广儿童哲学教育,让更多的儿童受益于这种独特的教育方式。

三、儿童哲学对自我认知的实践探索

1. 自我认知的内涵与重要性

自我认知,作为个体对自身全面而深入的理解,涵盖了性格特质、能力水平、兴趣爱好以及价值观念等诸多方面。对于儿童而言,形成准确而积极的自我认知,是其心理发展和社会适应的关键一环。

在儿童的成长过程中,自我认知扮演着重要的角色。首先,自我认知是儿童自我意识觉醒的基础。通过了解自己的性格特点和能力优势,儿童能够逐渐明确自己的定位,形成独特的自我形象。这种自我形象的构建,不仅有助于儿童建立自信心,更是其日后自主发展和追求目标的重要驱动力。

自我认知在儿童的情感调控和社会交往中发挥着不可或缺的作用。具备良好自我认知的儿童,往往能够更准确地识别自己的情绪和需求,从而有效地进行情感管理和表达。同时,他们也更懂得如何在社交场合中调整自己的行为,以更好地融入集体和赢得他人的尊重与友谊。

自我认知还是儿童持续学习和进步的保障。当儿童对自己的学习风格和兴趣有了清晰的认识后,他们便能更有针对性地选择学习内容和方式,从而提高学习效率和质量。这种基于自我认知的学习策略调整,有助于培养儿童的学习自主性和创新精神。

自我认知对于儿童的全面发展具有深远的影响。因此,在儿童哲学中,我们应充分关注儿童自我认知的培养,通过哲学思维训练和价值引导,帮助儿童建立积极、健康的自我形象，为其未来的成长奠定坚实的基础。

在实际的教学过程中，教师可以通过设计富有哲学意味的讨论主题，引导学生展开深入的自我探索。例如，通过讨论"我是谁""我喜欢什么""我擅长什么"等问题，激发学生对自我认知的思考和表达。同时，教师还可以利用哲学故事、角色扮演等多样化的教学方法，为学生提供丰富的自我认知体验和实践机会。通过这些努力，我们有望帮助学生在儿童哲学中实现自我认知的全面提升。

2. 儿童哲学中的自我认知培养策略

在儿童哲学中，为有效培养儿童的自我认知能力，可以采取多元化的教学策略。以下，将详细探讨几种具有实践意义的自我认知培养策略。

哲学讨论，作为一种深入探索内心世界的活动，对于提升学生的自我认知能力具有显著效果。在讨论过程中，教师可以引导学生思考关于自我、生活、价值观等深刻问题，如"我是谁？""我想要成为什么样的人？"等问题。这样的问题不仅能激发学生对自我身份的反思，还能帮助他们更清晰地认识到自己的内心世界。同时，通过倾听他人的观点和表达，学生也能学会从多角度审视自我，进而丰富和完善对自己的认知。

角色扮演活动，为儿童提供了一个身临其境的学习环境。在这种情境中，儿童有机会扮演不同的角色，体验各种情感和社会角色。例如，通过扮演一个勇敢的英雄或一个善良的助人者，儿童可以更深入地了解自己的性格特点和价值取向。此外，角色扮演还能帮助儿童理解他人的感受和需求，从而提升他们的同理心和人际交往能力。

反思性写作是另一种有效的自我认知培养方式。通过写作，儿童可以记录自己的思考、感受和经历，从而更深入地了解自己的内心世界。教师可以定期安排写作任务，如"我的成长日记""我的心情故事"等，引导学生用文字表达自己的思考和感受。这样的写作活动不仅能帮助学生梳理自己的想法和情感，还能促进他们的语言表达能力和逻辑思维能力的发展。

除了上述策略外，教师还可以结合学生的年龄特点和认知水平，设计更多元化、趣味性的教学活动。例如，通过组织哲学游戏、辩论赛等形式，让学生在轻松愉快的氛围中提升自我认知能力。

总而言之，儿童哲学为培养儿童的自我认知能力提供了丰富的资源和平台。通过哲学讨论、角色扮演、反思性写作等多元化教学策略的运用，教师可以有效地引导学生深入探索自己的内心世界，提升他们的自我认知能力。这不仅有助于学生的全面发展，还能为他们的未来生活和职业生涯奠定坚实的基础。

3. 实践案例分析

在某小学的儿童哲学课程中，教师精心组织了一场别开生面的"我是谁"主题讨论。这次讨论并非传统的讲授式教学，而是一场旨在引导学生深入探索自我内心的哲学对话。

课程开始，教师以亲切平和的语气向学生们介绍了讨论的主题和目的。她鼓励学生们放开心态，勇敢地面对自己的优点和不足，诚实地表达自己的兴趣和想法。随着讨论的深入，学生们逐渐从最初的羞涩和拘谨中解放出来，他们开始畅所欲言，分享自己对于"我是谁"这一问题的独特见解。

有的学生谈到了自己的优点，如善良、勇敢、乐于助人等，这些优点让他们在日常生活中备受赞誉，也让他们更加自信地面对挑战。有的学生则勇敢地揭示了自己的缺点，如胆小、拖延、缺乏耐心等，他们表示希望通过这次讨论找到改进的方法，让自己变得更好。还有的学生分享了自己的兴趣爱好和梦想，他们热爱音乐、绘画、运动等，梦想着有朝一日能在这些领域取得成就。

在讨论的间隙，教师还巧妙地穿插了角色扮演活动。她让学生们自愿分组，每组选择一个与"我是谁"相关的场景进行表演。学生们在扮演不同角色的过程中，不仅体验到了不同的情感和思维方式，还学会了换位思考和理解他人。这种寓教于乐的教学方式让学生们在轻松愉快的氛围中提升了自我认知能力。

这次"我是谁"主题讨论取得了显著的效果。学生们在教师的引导下,通过哲学思考和角色扮演等活动,不仅加深了对自我的认识和理解,还学会了如何更好地与他人交流和互动。他们在分享和倾听中感受到了成长的喜悦和团队的力量,也为未来的学习和生活奠定了坚实的基础。

这次实践案例还为我们提供了宝贵的启示:儿童哲学应该注重学生的主体性和参与性,通过丰富多彩的教学活动来激发学生的兴趣和潜能。同时,教师也应该扮演好引导者和促进者的角色,帮助学生在探索自我的过程中不断成长和进步。

四、儿童哲学对人际关系构建的实践作用

1. 人际关系构建在儿童成长中的重要性

人际关系在儿童成长过程中具有重要的影响。儿童通过与家人、同伴、老师等社会成员的交往,逐步学会如何与他人沟通、合作和分享,这对于他们的社会性发展至关重要。

良好的人际关系能够满足儿童的情感需求。在家庭环境中,父母的关爱和陪伴让儿童感受到温暖和安全,从而培养出健康的情感表达方式。在学校环境中,与同伴的友好相处让儿童感受到归属感和被接纳感,有助于增强他们的自信心和自尊心。

人际关系的构建有助于儿童学习社会规范和道德准则。在与他人的交往中,儿童通过观察、模仿和实践,逐渐内化社会所期望的行为方式和价值观念。例如,在团队合作中,儿童学会了倾听他人的意见、尊重他人的想法以及承担责任等社会行为。

人际关系还对儿童未来的职业发展产生深远影响。在现代社会中,团队协作能力、沟通能力和领导能力等软实力越来越受到重视。儿童时期建立起的良好人际关系基础,将为他们未来在职场上的成功奠定坚实基础。

儿童哲学通过引导儿童进行深入的哲学思考,培养了他们的同理心和包容心,使他们在面对不同观点时能够保持开放和尊重。这种态度在人际交往中具有重要意义,有助于消除误解和冲突,促进双方的理解和合作。因此,儿童哲学不仅提升了儿童的思维能力,还在潜移默化中促进了他们的人际关系构建能力。

人际关系构建在儿童成长中具有不可替代的作用。家庭、学校和社会应共同努力,为儿童创造一个充满爱与关怀、理解与尊重的成长环境,帮助他们在与他人的交往中不断成长和进步。在这个过程中,儿童哲学可以作为一种有效的教育手段,为儿童的人际关系构建提供有力的支持。

2. 儿童哲学中的人际关系构建策略

儿童哲学课程中,我们致力于通过各种策略来促进儿童之间的人际关系构建。这些策略不仅有助于培养儿童的社交技能,还能提升他们的同理心和团队协作精神。

一种有效的策略是通过团队合作活动来培养儿童的合作精神和团队意识。在这些活动中,学生被分成小组,共同完成任务或解决问题。例如,我们可以设计一个"哲学寻宝"游戏,让小组内的学生们一起寻找隐藏的"哲学宝藏"。在这个过程中,他们需要相互协作,共同面对挑战,从而加深彼此之间的了解和信任。这种活动方式能够让学生们明白,只有通过团队的力量,才能更好地完成任务,实现共同的目标。

另一种策略是通过哲学讨论来引导儿童学会倾听和尊重他人的观点。在讨论中,我们鼓励学生们各抒己见,同时也要认真倾听他人的想法。通过提问和引导,我们帮助学生们理解每个人都有自己独特的观点和思考方式,这是值得尊重和欣赏的。这样的讨论不仅能够提升学生的思维能力和表达能力,还能培养他们的同理心和包容心,从而更好地与他人相处。

最后一种策略是通过角色扮演等活动让学生体验不同的人际交往情境并学会应对。在这些活动中,学生们可以扮演不同的角色,模拟真实生活中的交往场景。例如,我们可以设计一个"小小哲学家"的角色扮演游戏,让学生们扮演不同的哲学家进行辩论和交流。通过这样的活动,学生们可以更好地理解他人的感受和需求,学会在不同的情境下采取不同的交往策略。这不仅有助于提升他们的社交技能,还能增强他们的心理素质和应变能力。

儿童哲学中的人际关系构建策略是多元化的,旨在通过各种方式促进儿童之间的交流和合作。这些策略不仅有助于培养儿童的社交能力,还能提升他们的同理心和团队协作精神,为他们的未来发展奠定坚实的基础。

在一次儿童哲学活动中,教师精心策划了"合作与分享"主题活动。此活动旨在通过具体实践,让学生们深刻体会合作与分享的意义,并以此为契机,培养他们的人际交往能力和团队协作精神。

活动开始,教师将学生们分成若干小组,每组学生需要通过合作完成一项挑战任务。任务的设置颇具匠心,既考验学生们的智慧,又要求他们必须团结协作。在挑战过程中,学生们充分发挥各自的特长,共同为团队的胜利贡献力量。他们互相鼓励,互相帮助,共同面对困难,一起分享成功的喜悦。

教师组织了一场别开生面的分享会。在这个环节中,学生们纷纷与同伴们分享自己心爱的玩具、图书和手工制作。他们不仅学会了慷慨地给予,更懂得了珍惜他人的馈赠。在分享的过程中,学生们的脸上洋溢着喜悦和满足,他们感受到了分享带来的快乐和友谊的温暖。

为了深化学生们对合作与分享的理解,教师还组织了一场哲学讨论。学生们围坐在一起,畅所欲言,探讨如何在日常生活中更好地与他人相处,如何解决人际交往中遇到的问题。他们认真思考,积极发言,不仅锻炼了语言表达能力,还培养了解决问题的能力。

通过这次活动,学生们深刻体会到了合作与分享的重要性。他们学会了在团队中发挥自己的作用,学会了倾听和尊重他人的意见,学会了在分享中寻找快乐。这些宝贵的经验将伴随他们成长,成为他们未来人生道路上的宝贵财富。

更为值得一提的是,这次活动不仅促进了学生之间的人际互动和关系构建,还潜移默化地培养了学生的社会适应能力。在面对挑战和困难时,他们学会了如何调整心态、如何寻求帮助、如何与他人携手共进。这些能力对于他们未来的学习和生活都具有重要意义。

总的来说,这次"合作与分享"主题活动是一次成功的实践探索。它让孩子们在轻松愉快的氛围中学会了合作与分享,提升了他们的人际交往能力和社会适应能力。这也充分证明了儿童哲学在促进儿童全面发展方面的独特价值和重要作用。

五、教学实践建议与反思

1. 提升儿童自我认知的教学建议

在儿童哲学的教学中,提升儿童的自我认知能力是一个核心目标。为了实现这一目标,教师需要精心设计和实施教学活动,特别关注以下几个方面。

教师应深入了解每个学生的个体差异和需求。每个学生都是独一无二的,他们有着不同的性格特点、兴趣爱好和思维方式。因此,制定个性化的教学计划至关重要。通过针对性的教学活动,教师可以更好地满足学生的需求,帮助他们在自我认知的过程中发现自己的独特之处。

教师应积极引导学生参与哲学讨论和思维活动。哲学讨论是儿童哲学的重要组成部分,它为学生提供了一个自由思考、交流观点的平台。在这个过程中,教师可以鼓励学生提出自己的见解,质疑他人的观点,并通过逻辑推理和辩证思考来深化对问题的理解。这样的活动不仅有助于培养学生的思考能力和表达能力,还能让他们在思考的过程中更加清晰地认识自己。

注重学生的情感体验和反思性写作也是提升自我认知能力的重要途径。情感体验是儿童认识自我的重要方式之一,教师可以通过组织角色扮演、情景模拟等活动,让学生亲身体验不同的情感和角色,从而增强他们对自我内心世界的感知和理解。同时,反思性写作则能帮助学生将思考和感受转化为文字,进一步巩固和深化他们的自我认知。

教师应与家长保持密切沟通合作,共同促进学生的全面发展。家长是儿童成长过程中的重要陪伴者和教育者,他们对儿童的影响不容忽视。通过与家长的合作,教师可以更好地了解学生在家庭环境中的表现和成长情况,为提升他们的自我认知能力提供更有针对性的指导和支持。同时,家长也能在教师的引导下更加科学地参与孩子的教育过程,为孩子的全面发展创造良好的家庭氛围。

2. 促进人际关系构建的教学建议

在推动儿童哲学对人际关系构建的实践过程中,教师需要精心策划和实施一系列教学活动。以下是一些具体的教学建议,旨在帮助教师更好地促进学生间的人际互动和关系建立。

教师应该设计丰富多样的团队合作活动和游戏。这些活动不仅能够激发学生的兴趣,还能够提供充足的互动机会,让学生在合作中学会相互理解、沟通与协作。例如,可以组织小组讨论、团队辩论、角色扮演等多样化的活动形式,引导学生积极参与,共同完成任务。通过这些活动,学生能够逐渐领悟到团队合作的重要性,并学会在集体中发挥自己的作用。

教师要引导学生学会倾听和尊重他人的观点。在哲学讨论中,鼓励儿童表达自己的想法固然重要,但同样重要的是培养他们倾听他人意见的习惯。教师可以设定一些讨论规则,如每个人在发言时其他人不能从中打断,确保每个人都有表达自己和被倾听的机会。同时,教师还可以引导学生学会用合适的方式回应他人的观点,如通过提问、补充或反馈等方式,促进讨论的深入进行。

再者,利用角色扮演等活动模拟真实的人际交往情境也是一种有效的教学方法。通过让学生扮演不同的角色,体验不同的交往场景,教师可以帮助他们更好地理解人际关系中的复杂性和多样性。在角色扮演过程中,教师可以引导学生思考如何更好地与他人沟通、如何处理冲突和矛盾等问题，从而提升他们的人际交往能力。

教师还要密切关注学生的情感变化和人际交往能力的发展。在儿童哲学中，教师应该留意每个学生的表现和反应，及时发现他们在人际交往中遇到的问题和困惑。针对这些问题，教师可以提供个性化的指导和帮助，如通过一对一的谈话、小组辅导等方式，引导学生正确面对和处理人际关系中的挑战。

通过设计多样化的团队合作活动、引导学生倾听和尊重他人观点、利用角色扮演模拟真实交往情境以及关注学生情感变化和人际交往能力发展等教学措施，教师可以有效地促进儿童哲学中的人际关系构建。这些建议不仅有助于提升学生的人际交往能力，还能为他们的全面发展奠定坚实基础。

3. 教学实践反思与展望

通过本次实践探索，我们深刻认识到儿童哲学在促进儿童自我认知和人际关系构建方面的独特价值和重要作用。从学生们在课堂上的表现，到他们在课后的分享与反馈，都充分证明了哲学思维训练对于学生全面发展的积极影响。然而，在实际的教学过程中，我们也遇到了一些问题和挑战。

学生参与度不高是一个需要关注的问题。尽管我们努力设计了丰富多样的哲学讨论和活动，但仍有部分学生表现出对课堂内容的淡漠和疏离。这可能与他们的个性特点、学习兴趣或先前经验有关。为了提升这些学生的参与度，我们需要更深入地了解他们的需求和兴趣，调整教学策略，以更贴近他们生活实际的方式引入哲学思考。

教学效果的评估也是一个具有挑战性的任务。与传统的学科知识教学不同，儿童哲学教学更注重思维能力的培养和价值观的塑造，这些方面的进步往往难以通过简单的测试或评分来衡量。因此，我们需要探索更为全面和有效的评估方法，如观察记录、学生自评、同伴互评等，以便更准确地了解学生的学习成果和进步。

我们期望能够进一步深化和完善儿童哲学的教学实践。一方面，我们将继续探索和创新教学方法，以适应不同年龄段和个性特点的学生，激发他们的哲学思考兴趣。另一方面，我们也希望能够拓展儿童哲学的应用领域，将其与其他学科教育有机结合，共同促进学生的全面发展。同时，我们还计划加强与家长、社区等外部资源的合作与沟通，共同为学生们营造一个更为丰富和多元的哲学学习环境。

儿童哲学对于提升儿童的自我认知和人际关系构建能力具有重要意义。尽管在实际教学中面临一些挑战和问题，但我们有信心通过不断的努力和创新，为学生们带来更为精彩和有益的哲学学习体验。

六、结论

本研究通过实践探索，深入分析了儿童哲学对自我认知与人际关系构建的影响，为儿童教育领域提供了新的视角和思路。具体而言，本研究的主要贡献体现在以下几个方面。

研究揭示了儿童哲学在提升儿童自我认知能力方面的独特作用。通过哲学讨论、角色扮演等多样化的教学策略，学生得以更深入地探索自己的内心世界，增强对自我性格、能力、兴趣等方面的认知。这不仅有助于学生更好地认识自己、接纳自己，也为他们的未来发展奠定了坚实的基础。

研究展示了儿童哲学在促进人际关系构建方面的积极效果。课程中强调的互动与合作，以及通过哲学讨论培养的学生倾听与尊重他人观点的能力，都有力地推动了学生之间和谐关系的建立。这对于提升学生的社会适应能力、培养团队合作精神具有重要意义。

研究也存在一定的局限性。首先，实践探索的范围相对有限，主要集中在特定的学校和课程环境中，因此研究结论的普适性有待进一步验证。其次，由于研究时间和资源的限制，未能对儿童哲学的长期效果进行跟踪评估，未来可在这方面进行深入探讨。

本研究为儿童哲学教育的进一步发展提供了有益的参考。未来可以扩大实践范围,探索不同地域、文化背景下儿童哲学的实施效果。同时,还可以关注儿童哲学与其他教育领域的融合,如心理健康教育、道德教育等,以期在更广泛的领域发挥其独特价值。此外,通过长期的跟踪研究,可以深入评估儿童哲学对儿童发展的持续影响,为教育实践提供更为科学、全面的指导。

从心灵到课堂：儿童哲学课程与儿童精神家园的构建

摘要：本研究深入探讨了儿童哲学课程在构建儿童精神家园中的实践价值与实施效果。随着教育理念的进步，儿童哲学课程作为一种创新教育模式，通过哲学思辨的方式引导儿童探索世界、认识自我，显著促进了儿童的精神成长。研究采用文献综述、案例分析、问卷调查等多种方法，全面评估了儿童哲学课程的实际应用效果。结果显示，该课程在提升儿童思维能力、增强道德判断能力、培养批判性思维和人文关怀等方面均取得了显著成效。具体而言，儿童哲学课程不仅激发了儿童的学习兴趣，促进了其逻辑思维、批判性思维和创造性思维的发展，还通过哲学讨论和实践活动引导儿童树立了正确的价值观和人生观。此外，该课程的实施还得到了学生、教师和家长的高度评价，进一步证明了其在构建儿童精神家园中的重要作用。本研究不仅丰富了儿童哲学教育的理论体系，也为教育实践提供了宝贵的参考和借鉴。

关键词：儿童哲学课程　精神家园　思维发展　道德判断　批判性思维　人文关怀　教育实践

一、儿童哲学概况

1. 儿童哲学课程的背景及发展现状

随着全球教育理念的不断演进，儿童哲学课程作为一种新兴且富有创新性的教育模式，正逐渐引起世界各地教育者和研究者的广泛关注。这种课程模式的出现,源于对儿童思维发展规律的深入探索和理解。其核心理念在于,通过引导儿童进行哲学性的思考和讨论,帮助他们更全面地探索世界、更深刻地认识自我,从而为他们的精神成长奠定坚实基础。

儿童哲学课程的起源可以追溯到20世纪六七十年代,当时一些教育家和哲学家开始关注儿童思维能力的培养,并尝试将哲学思考引入儿童教育中。他们相信,哲学不仅仅是一门深奥的学问,更是一种思考方式和生活态度。通过哲学教育,可以培养儿童的批判性思维、创造性思维和问题解决能力,从而帮助他们更好地适应未来社会的挑战。

儿童哲学课程在全球范围内得到了广泛的推广和实践。越来越多的学校和教育机构开始引入这一课程,将其作为提升儿童综合素质的重要途径。在美国、欧洲以及亚洲的一些国家和地区,儿童哲学已经成为学校教育体系中的重要组成部分。这些课程通常结合儿童的生活经验和认知水平,设计富有启发性的问题和活动,引导儿童进行深入的思考和讨论。

儿童哲学课程的实践并不仅仅局限于课堂教学。在许多地方,这种课程还延伸到了课外活动和社区项目中。例如,一些学校组织哲学俱乐部或哲学沙龙,为学生提供一个自由交流思想、探讨问题的平台。这些活动不仅丰富了学生的学习体验,还促进了他们的社会交往能力和团队协作精神的培养。

随着儿童哲学课程的普及和深入,其对于儿童全面发展的积极作用也日益凸显。越来越多的研究表明,通过哲学教育,儿童不仅在思维能力上得到提升,还在道德品质、情感态度和社会责任感等方面得到显著增强。这些成果进一步证实了儿童哲学课程在构建儿童精神家园中的重要地位和作用。

尽管儿童哲学课程在全球范围内取得了显著的进展,但仍面临一些挑战和问题。例如,如何根据不同文化背景和教育体系的需求,制定合适的课程内容和教学方法;如何提高教师的专业素养,确保他们能够有效地引导儿童进行哲学性的思考和讨论；以及如何评估课程效果，确保其对儿童的全面发展产生积极影响等。这些问题需要教育者、研究者和政策制定者共同努力，通过持续的研究和实践来寻求解决方案。

儿童哲学课程作为一种新兴且富有潜力的教育模式，正在全球范围内得到广泛的关注和实践。它通过引导儿童进行深入的哲学思考和讨论，帮助他们探索世界、认识自我，从而构建坚实的精神家园。随着这一课程的不断发展和完善，我们有理由相信，它将在促进儿童全面发展方面发挥更加重要的作用。

2. 研究意义与实践价值

儿童哲学课程作为一种独特的教育模式，在培养儿童的各项基本能力方面显示出了显著的效果，并为其精神家园的构建奠定了坚实的基础。其深远的研究意义与实践价值，不仅体现在促进儿童个人的全面发展上，还对整个教育体系的改革与创新产生了积极的推动作用。

通过哲学思辨的训练，学生逐渐学会了独立思考与理性判断。这种能力在当今信息爆炸的时代尤为重要，它帮助学生在面对纷繁复杂的信息时，能够保持清醒的头脑，进行批判性的分析，从而形成自己的见解和判断。这一过程中，学生不仅提升了自身的思维品质，还在不断的探索与反思中，塑造了正确的价值观和人生观。

儿童哲学课程还着重培养了儿童的创新精神和人文关怀。在课程的引导下，学生开始学会从不同角度审视问题，寻找新的解决方案，这种创新精神是未来社会所急需的。同时，通过对哲学问题的深入探讨，学生对人类社会、自然世界以及生命的意义有了更深刻的理解，这种人文关怀使得他们更加珍视和尊重生命，更具同情心和责任感。

儿童哲学课程为教育实践提供了新的思路和方法。传统的教育模式往往侧重于知识的灌输，而忽视了学生思维能力和情感态度的培养。儿童哲学课程则打破了这一局限，它鼓励学生提问、质疑和反思，让教育变得更加生动和有意义。这种教育模式不仅提高了学生的学习兴趣和积极性，还推动了教育改革的深入发展，使得教育更加符合时代的需求和学生的成长规律。

儿童哲学课程的实践还促进了教师的专业成长。在教授儿童哲学课程的过程中，教师需要不断更新自己的教育理念，提升教学技能，以更好地引导学生进行哲学思考。这种教学相长的过程，不仅提高了教师的教学质量，还增强了他们的职业满足感和成就感。

儿童哲学课程在构建儿童精神家园中的实践探索具有深远的研究意义与实践价值。它不仅有助于培养学生的批判性思维、创新精神和人文关怀，还为教育实践提供了新的思路和方法，推动了教育改革的深入发展。同时，这一课程的实施也对教师的专业成长产生了积极的促进作用。

3. 研究方法与论文结构

在深入探讨儿童哲学课程对构建精神家园的实践影响时，本文采纳了多元化的研究方法，并结合了系统的论文结构来展开分析。本文通过文献综述梳理了儿童哲学课程的发展历程与理论基础，利用案例分析详细描述了课程在实际教学中的运用情况，以及通过问卷调查收集了一线教师与学生的反馈，从而全面评估课程的实施效果。

论文的结构设计旨在为读者提供一个清晰、逻辑严谨的研究框架。首先，通过对儿童哲学课程背景的介绍，阐明了该课程在全球范围内的发展动态及其在教育领域中的重要性。这一部分的讨论不仅为读者提供了必要的背景知识，也为后续的分析奠定了基础。

论文通过具体的教学案例，生动展示了儿童哲学课程在实际教学中的应用及其对学生精神世界构建的积极影响。这些案例涵盖了不同年龄段的学生和多种教学场景，旨在揭示课程实施的多样性和灵活性。案例中详细描述了教师的教学策略、学生的反应以及课堂互动情况，为读者提供了丰富的实证材料。

在对实施效果进行全面分析的部分,本文结合了问卷调查的数据,从多个维度评估了儿童哲学课程对学生思维发展、情感态度以及价值观塑造的具体影响。这部分既包含了对课程实施效果的定量评估,也融入了对教师和学生反馈的质性分析,从而形成了对课程实施效果的全面、深入的剖析。

论文总结了研究成果,并对未来研究方向进行了展望。这一部分不仅概括了本文研究的主要发现,还指出了研究中存在的局限性以及未来可以进一步探讨的问题。通过这样的结构安排,本文研究旨在为儿童哲学课程在构建精神家园中的实践探索提供有益的参考和启示。

二、儿童哲学课程理论基础

1. 哲学思维与儿童发展

哲学思维,这一人类探索世界的深层思考方式,以其高度的抽象性、批判性和创新性在成人世界中占据重要地位。这种思维方式并非成人独有,儿童同样可以培养和运用哲学思维。对于儿童来说,哲学思维的培养不仅对其智力发展有显著影响,更能促进其情感、态度和价值观的全面提升。

在儿童的成长过程中,他们天然地对世界充满好奇,会提出诸如"我从哪里来?""为什么天是蓝的?"等深刻问题。这些问题实质上触及了哲学的核心,即对世界本原和意义的探索。通过引导和鼓励儿童进行深入的哲学思考,我们可以帮助他们建立更加全面和深入的世界观、人生观和价值观。

哲学思维的培养有助于儿童从不同角度审视和分析问题,形成独立的见解和判断。这种能力在其未来的学习和工作中都将发挥重要作用。例如,面对复杂的社会现象,具备哲学思维的儿童能够更深入地理解其背后的本质和意义,从而做出更为明智的决策。

哲学思维还能促进儿童的情感和道德发展。通过思考诸如"什么是善良?""什么是公正?"等伦理问题,儿童可以逐渐明确自己的道德观念,形成健全的人格。这种情感和道德的发展对于儿童的全面成长具有重要意义。

哲学思维在儿童发展中的重要性不言而喻。通过培养儿童的哲学思维，我们不仅可以提升他们的智力水平，更能促进其情感、道德和人文关怀的全面发展。这对于构建儿童坚实的精神家园具有重要意义。

在教育实践中，我们应该如何培养学生的哲学思维呢？首先，教师需要具备哲学素养和教育技巧，能够引导学生进行深入的思考和讨论。其次，我们可以通过组织哲学讨论课、阅读哲学故事等活动来激发学生对哲学的兴趣。最后，家庭和社会也应该为学生提供良好的哲学氛围和资源支持。

培养儿童的哲学思维并非一蹴而就的过程，而是需要长期的耐心和坚持。我们需要根据儿童的年龄和认知水平来制定合适的教学计划和活动内容，确保他们在轻松愉快的氛围中逐渐建立起对哲学的兴趣和理解。同时，我们还需要不断反思和改进教学方法和手段，以适应不同学生的发展需求和特点。

通过以上的探讨和分析，我们可以看出哲学思维在儿童发展中的重要作用以及培养哲学思维的必要性和可行性。作为教育工作者和家长，我们应该充分认识到哲学思维对于儿童全面成长的重要意义，并积极采取措施来培养和发展他们的哲学思维能力。这不仅有助于构建儿童坚实的精神家园，更能为他们的未来发展奠定坚实的基础。

2. 儿童哲学课程的教育理念

儿童哲学课程的教育理念体现了深厚的人本主义思想，其核心在于"以人为本"，即所有教学活动和内容设计均以学生为中心，充分尊重和关注每个学生的主体地位与个体差异。这种教育理念与传统教育模式有显著的差异，它不再仅仅关注知识的传授，而是更加重视学生个体的全面发展，特别是思维能力、道德观念和社会责任感的培养。

在教学方法上，儿童哲学课程强调启发式和讨论式的教学。通过启发式教学，教师可以引导学生主动探索和发现问题，激发他们的好奇心和求知欲。而讨论式教学则鼓励学生自由表达观点，通过集体讨论来深化对问题的理解,这不仅能锻炼学生的语言表达能力,还能培养他们的团队协作精神。

儿童哲学课程还特别注重培养学生的批判性思维。在传统教育中,学生往往被要求接受既定的知识和观点,而在儿童哲学课程中,学生被鼓励对所学知识进行反思和质疑,从而培养他们的独立思考能力和创新精神。

道德判断能力和社会责任感的培养也是儿童哲学课程的重要目标。通过对各种道德问题的探讨,学生能够形成自己的道德观念,并在实践中不断修正和完善。同时,通过对社会问题的关注和分析,学生能够增强社会责任感,学会如何做一个有道德、有责任感的社会成员。

儿童哲学课程的教育理念体现了对学生全面发展的高度重视。它不仅关注知识的传授,更重视思维能力、道德观念和社会责任感的培养。这种教育理念为儿童哲学课程的教学实践提供了有力的理论支撑,也为其他教育领域提供了有益的借鉴。

在教学实践中,教师应该深入理解并贯彻这一教育理念,真正做到以学生为中心,关注他们的全面发展。同时,教师还应该不断创新教学方法,以适应不同学生的需求和发展特点,从而最大限度地发挥儿童哲学课程的教育价值。

这种"以人为本"的教育理念也要求教师关注学生的情感和心理健康。在教学过程中,教师应该创造一个积极、安全的学习环境,让每个学生都能感到被接纳和尊重。通过关注学生的情感需求,教育者可以更好地激发他们的学习动力,帮助他们建立自信,形成积极的学习态度。

儿童哲学课程的教育理念还强调教育的持续性和发展性。它鼓励教育者根据学生的成长与变化不断调整教学内容和方法,以满足他们不断发展的需求。这也意味着教育者需要保持开放的心态,不断学习和更新自己的教育理念和教学技能。

儿童哲学课程的教育理念是一种全面、人本、发展的教育理念。它旨在通过关注学生的主体地位和个体差异,激发他们的学习动力和创造力,培养他们的批判性思维、道德判断能力和社会责任感等综合素质。这种教育理念不仅为儿童哲学课程的教学实践提供了指导,也为整个教育领域的发展带来了新的思考和启示。

3. 课程设计原则与方法

儿童哲学课程设计是一个综合性、系统性的过程,它要求教育者根据学生的认知特点、心理需求以及哲学教育的目标,来制定一系列的设计原则和方法。这些原则和方法不仅是课程设计的基石,也是确保课程实施效果的关键。

儿童哲学课程设计应遵循以学生为中心的原则。这意味着课程设计应充分考虑学生的年龄、认知水平和兴趣爱好,确保课程内容与学生的生活经验和思维发展相契合。例如,在选择哲学主题时,可以优先考虑与学生日常生活密切相关的话题,如友谊、公平、责任等,以便更好地激发学生的学习兴趣和思考热情。

课程设计应注重实践性。哲学不仅仅是一种抽象的思考方式,更是一种与生活紧密相连的实践智慧。因此,儿童哲学课程应通过具体的案例、实践活动和情景模拟,引导学生亲身参与哲学思考的过程,体验哲学思辨的乐趣。这种实践性的教学方式有助于学生将哲学理论转化为实际生活中的行动指南,从而培养其独立思考和解决问题的能力。

课程设计应强调互动性。儿童哲学课程不应是单向的知识传授,而应是一个多元互动的学习过程。教师应鼓励学生之间的交流与合作,通过小组讨论、角色扮演等形式,促进学生之间的思想碰撞和经验分享。这种互动性的教学方式不仅能够提升学生的学习效果,还能够培养其团队协作和沟通表达的能力。

课程设计应注重连贯性。儿童哲学课程的内容应相互衔接、层层深入,形成一个完整的知识体系。教师在设计课程时,应确保每个主题、每个活动都与整体课程目标相一致,避免出现内容脱节或重复的现象。同时,课程设计还应考虑学生的长期发展需求,为其未来的哲学学习和思维发展奠定坚实的基础。

在教学方法上,儿童哲学课程可以采用多种灵活多样的形式来激发学生的学习兴趣和参与热情。例如,故事讲述法可以通过生动的情节和鲜活的人物形象来引导学生进入哲学思考的世界;角色扮演法可以让学生在模拟的情境中亲身体验哲学问题的复杂性和多样性;小组讨论法可以鼓励学生围绕特定的哲学主题展开深入的讨论和交流,从而提升其批判性思维和创新能力。这些方法各有特色,但共同目的都是为了让学生在轻松愉快的氛围中学习哲学、思考人生。

三、儿童哲学课程的实践案例

1. 实践案例一:课堂教学实录

在这堂儿童哲学课程中,教师精心选择了"勇敢与恐惧"这一主题,旨在帮助学生理解并面对生活中不可避免的情绪——恐惧,同时激发他们的勇气。课程开始,教师通过生动讲述一个关于勇敢者的故事,迅速抓住了学生们的注意力。这个故事描绘了一个英勇的角色克服重重困难,最终战胜恐惧,实现了自己的目标。

在故事的铺垫下,教师自然地引导学生们进入了课程的核心环节——讨论。教师提出了几个关键问题:"什么是勇敢?""为什么我们需要勇敢?""面对恐惧时,我们应该如何应对?"这些问题既具有深度,又贴近学生的生活实际,因此立刻引发了学生们的热烈讨论。

讨论过程中,学生们各抒己见,有的认为勇敢就是不怕困难,有的认为勇敢是坚持做正确的事情,即使这很困难。他们积极分享自己曾经面对恐惧的经历,以及如何鼓起勇气去克服这些恐惧。在这个过程中,教师不断给予肯定和鼓励,同时巧妙地指出他们思考中的不足,引导他们更深入地理解勇敢和恐惧的内涵。

课程的最后,教师通过总结学生们的观点,进一步阐释了勇敢的真谛:勇敢并非意味着毫无恐惧,而是在面对恐惧时,我们能够保持冷静,坚守自己的信念和原则,勇往直前。这一深刻的见解得到了学生们的广泛认同,也为他们未来面对生活中的挑战提供了宝贵的启示。

这堂课不仅让学生们对勇敢与恐惧有了更深刻的理解,更重要的是,他们在讨论中学会了倾听他人的观点,尊重不同的看法,理解并接纳彼此的差异。这种民主、开放的课堂氛围,对于培养学生的批判性思维、沟通技巧以及团队协作能力都具有重要意义。而这正是儿童哲学课程所追求的教育目标之一。

2. 实践案例二:学生思维能力提升

在深入探讨儿童哲学课程对学生思维能力提升的影响时,我们不得不提及一系列具有说服力的数据和实例。通过对参与儿童哲学课程的学生进行教学前后的思维能力测试,我们获取了宝贵的数据,这些数据清晰地揭示了课程对学生思维能力的积极影响。

在教学前,我们对学生的逻辑思维能力、批判性思维能力和创造性思维能力进行了全面的评估。评估结果显示,虽然学生们在这些方面表现出一定的基础,但仍有很大的提升空间。逻辑思维能力方面,部分学生在处理复杂问题时显得力不从心,难以将问题分解为若干个子问题并逐一解决。在批判性思维能力方面,学生们往往容易接受现有观点,而缺乏对其合理性的深入剖析。至于创造性思维能力,学生们在提出新颖、独特的解决方案时表现得较为保守。

令人欣喜的是,在儿童哲学课程的熏陶下,学生们的思维能力得到了显著提升。课程中的哲学思辨训练使学生们学会了从不同角度审视问题,进而提高了逻辑思维能力。在批判性思维能力方面,学生们开始敢于质疑现有观点,学会运用理性分析来评估各种信息的真实性和价值。至于创造性思维能力,儿童哲学课程鼓励学生们发挥想象力,寻求独特的解决方案,从而激发了他们的创新思维。

举例来说,在一次以"友谊与信任"为主题的哲学课程中,教师引导学生们思考友谊的本质、信任的重要性以及如何在现实生活中建立和维护真挚的友谊。通过小组讨论和角色扮演等活动,学生们积极参与到课堂互动中来,提出了许多富有创意和深度的观点。这种教学方式不仅锻炼了学生们的思维能力,还让他们在轻松愉快的氛围中学会了如何与他人沟通和合作。

儿童哲学课程在提升学生思维能力方面取得了显著成果。这些成果不仅体现在学生们在逻辑思维能力、批判性思维能力和创造性思维能力方面的提升,更体现在他们对待问题的态度和方法的转变。这无疑证明了儿童哲学课程在价值观培养方面的成效。

在"友谊与诚信"的儿童哲学课程中,教师精心设计了多个环节,以引导学生们深入理解这两个主题的内涵。课程开始,教师通过一则关于友谊与诚信的小故事,为学生们勾勒出一个生动的情境,激发了他们的思考兴趣。

随着课程的深入,教师组织学生们进行小组讨论,让他们围绕"什么是真正的友谊?""诚信在我们的生活中意味着什么?"等核心问题进行探讨。学生们在小组内各抒己见,热烈讨论,不仅锻炼了表达和沟通能力,还在思想的碰撞中对友谊和诚信有了更深刻的理解。

为了进一步加深学生们的体会,教师还安排了角色扮演的活动。学生们分组扮演不同的角色,在模拟的情境中体验友谊的温暖和诚信的珍贵。这种互动式的学习方式让学生们更加投入,也使他们在亲身体验中感受到了诚信与友谊的重要性。

通过这堂课的学习,学生们不仅认识到了友谊的真谛——信任、支持和理解,还领悟到了诚信的力量——它不仅是个人品质的体现,更是维系人际关系和社会和谐的基石。他们学会了在日常生活中如何以诚待人、如何珍视身边的友情,并深刻理解了这些道德准则对于他们个人成长和社会融入的重要性。

这堂课的影响并未随着课程的结束而终止。在课后的反馈中,许多学生表示他们将把在课堂上学到的关于友谊与诚信的理念应用到日常生活中,努力成为一个值得信赖的朋友和公民。这种深远的影响,正是儿童哲学课程在构建学生精神家园中所追求的。

"友谊与诚信"这堂儿童哲学课程通过丰富多样的教学方式,成功引导了学生们对友谊与诚信进行深入思考,并在他们的心灵深处播下了正直与善良的种子。这种寓教于乐的教学方式,不仅让学生们在学习中找到了乐趣,更为他们未来的人生道路奠定了坚实的道德基础。

四、儿童哲学课程实施效果分析

1. 教学效果评估结果与分析

经过一系列的教学效果评估,我们发现儿童哲学课程在构建精神家园方面的实践成果显著。问卷调查结果显示,学生和家长对课程的满意度普遍较高,他们认为课程不仅有助于提升学生的思维能力,还在培养其道德观念、情感态度等方面发挥了积极作用。同时,家长们也反馈称,孩子在参与课程后变得更加善于表达、愿意分享,与家人之间的沟通也更为顺畅。

观察记录法则从另一个角度揭示了学生在课堂上的真实表现。在哲学课程的讨论环节,学生们能够积极参与、踊跃发言,他们敢于提出自己的观点,也乐于倾听他人的想法。这种互动式的学习方式不仅锻炼了学生的表达能力,还培养了他们的同理心和合作精神。此外,学生在课堂上的专注度和参与度也有显著提升,他们更加沉浸于哲学思考的乐趣中。

访谈法的结果进一步印证了上述发现。教师们在接受访谈时表示,儿童哲学课程为他们提供了一个全新的教学视角和方法。通过引导学生进行哲学思辨,教师们发现学生的思维能力得到了显著提升,他们在解决问题时更加具有创造性和批判性。同时,学生们也在访谈中表达了对哲学课程的喜爱和期待,他们认为课程让他们学会了如何更好地认识自己、理解他人和世界。

儿童哲学课程在构建精神家园方面的实践探索取得了积极成果。通过综合运用多种评估方法,我们发现课程在提升学生的思维能力、培养其道德观念、促进其情感态度发展等方面均发挥了重要作用。这些成果不仅证明了儿童哲学课程的实践价值,也为未来的教育改革提供了参考。

2. 教学效果量化分析

在进行了为期一学期的儿童哲学课程教学后,为了科学地评估课程的教学效果,我们采用了量化分析的方法,对数据进行深入挖掘。结果显示,儿童哲学课程确实在多个方面对学生产生了积极影响。

从思维能力方面来看,学生在逻辑思维能力测试中的表现有了显著提升。在课程开始前,我们对学生进行了一次逻辑思维能力的基础测试,记录下了他们的初始水平。经过一学期的学习,我们再次进行了相同的测试。对比两次测试的结果,可以明显看到学生的逻辑思维能力得到了加强。他们在处理复杂问题时,能够更加有条理地进行分析和推理,得出合理的结论。

批判性思维能力的提升也是我们关注的重点。通过专门的批判性思维测试,我们发现学生在课程学习后,更倾向于独立思考,而不是盲目接受现有观点。他们学会了从不同角度审视问题,提出自己的见解,并能够用合理的论据来支持自己的观点。这种能力的提升,不仅有助于他们在学习上的发展,更能够培养他们在日常生活中独立思考和解决问题的能力。

道德判断能力的提升也是我们教学效果的重要体现。通过道德判断能力测试,我们发现学生在面对道德问题时,能够更准确地判断是非善恶,形成正确的道德观念。这不仅有助于他们建立良好的人际关系,更能够培养他们的社会责任感,为未来的社会生活打下坚实的基础。

通过量化分析的方法,我们证实了儿童哲学课程在提升学生思维能力、增强道德判断能力等方面均取得了显著成效。这些数据结果为我们的教学实践提供了有力的支持,也为我们进一步优化课程内容和教学方法提供了有益的参考。我们相信,在未来的教学实践中,儿童哲学课程将继续发挥其独特的优势,为学生的全面发展贡献更大的力量。

3. 教学效果质性评价

除了通过量化分析来评估儿童哲学课程的教学效果外,本文还深入探索了学生、教师和家长对课程的质性评价,以期更全面地揭示课程的实际影响和价值。

学生们对儿童哲学课程表现出了浓厚的兴趣和热情。他们积极参与课堂讨论,主动提出自己的观点和思考,享受在哲学思辨中寻找答案的过程。许多学生反映,通过课程的学习,他们不仅学会了从不同角度审视问题,还更加深入地了解了自己和世界。这种自我发现和认知世界的过程让他们感到兴奋和满足,进一步激发了他们的求知欲和探索精神。

教师们对儿童哲学课程的评价也颇为积极。他们认为,该课程不仅有助于培养学生的批判性思维、创新精神和道德判断能力,还能提升学生的综合素质和人文素养。更重要的是,儿童哲学课程为学生们提供了一个开放、包容的学习环境,让他们敢于表达、敢于质疑,从而培养了他们的自信心和自主性。教师们相信,这样的教育经历将为学生的未来发展奠定坚实的基础。

家长们同样对儿童哲学课程给予了高度评价。他们观察到,孩子们在课程学习后变得更加善于思考、更加懂得理解和尊重他人。家长们认为,课程不仅帮助孩子们形成了正确的价值观和人生观,还让他们在面对生活中的挑战时能够更加从容和自信。这种成长和进步让家长们深感欣慰,也让他们更加支持孩子们继续深入学习儿童哲学课程。

从学生、教师和家长三个角度的质性评价来看,儿童哲学课程在提升学生思维能力、培养人文素养以及塑造正确价值观等方面均取得了显著成效。

这些评价不仅印证了课程的教学效果，也进一步凸显了儿童哲学课程在构建学生精神家园中的重要作用。

五、结论与展望

1. 研究结论与贡献

本文通过深入探究儿童哲学课程在构建儿童精神家园中的作用，得出以下主要研究结论。首先，儿童哲学课程对于培养儿童的批判性思维、创新精神和人文关怀具有显著效果，这体现在学生们在思维能力、道德判断以及价值观方面的显著变化。其次，儿童哲学课程的设计理念与教学实践紧密相连，通过启发式、讨论式等教学方法，能够有效激发学生的内在学习动力和创造力，进一步印证了"以人为本"教育理念的实践价值。最后，本文的实践案例与效果分析充分展示了儿童哲学课程在教育实践中的可行性和推广价值，为教育改革提供了新的思路和方法。

在贡献方面，本研究不仅丰富了儿童哲学教育的理论体系，更为教育实践提供了有力的实证支持。通过详细阐述儿童哲学课程的设计理念、教学原则和方法，以及深入剖析实践案例和实施效果，本研究为教育工作者提供了参考。此外，本研究还强调了儿童哲学课程在构建儿童精神家园中的重要作用，有助于推动社会对儿童精神成长的关注和重视，进一步促进儿童的全面、健康发展。

本研究通过理论与实践相结合的方式，深入探究了儿童哲学课程在构建儿童精神家园中的实践意义与价值，不仅为儿童哲学教育领域做出了重要贡献，也为未来的教育改革和发展提供了启示和借鉴。

2. 研究局限与未来方向

在研究儿童哲学课程在构建精神家园中作用的探索过程中，尽管我们取得了一些显著的成果，但也不可避免地存在一些局限性和不足之处。首先，由于研究时间和资源的限制，我们的实践案例主要集中在特定的学校和课程中,这可能导致研究结果的普适性受到一定影响。未来,我们可以进一步拓展研究范围,涵盖更多不同类型的学校和课程,以更全面地了解儿童哲学课程的实施效果。

本研究主要采用了问卷调查、观察记录等定量和定性研究方法,虽然这些方法在一定程度上能够反映儿童哲学课程的教学效果,但仍有可能忽略了一些潜在的、深层次的影响因素。例如,学生的个体差异、家庭背景、社会环境等因素都可能对儿童哲学课程的实施效果产生影响。因此,未来可以进一步深入探讨这些因素与儿童哲学课程教学效果之间的关系。

虽然本研究初步探讨了儿童哲学课程在构建儿童精神家园中的作用,但对于如何更具体、更有效地将哲学思维融入日常教学和生活中,仍需进一步研究。未来,我们可以尝试开发更多具有创新性和实用性的教学方法和手段,以更好地促进儿童哲学思维的培养和发展。

针对以上局限性和不足之处,我们提出以下可能的未来研究方向:一是进一步拓展和深化对儿童哲学课程理论基础的研究,以期为教学实践提供更有力的理论支撑;二是加强跨学科合作与交流,借鉴其他学科的理论和方法来丰富和完善儿童哲学课程的研究体系;三是注重实践创新与经验总结,不断推动儿童哲学课程教学模式和方法的革新与进步。通过这些努力,我们期待儿童哲学课程能够在构建儿童精神家园中发挥更加积极和重要的作用。

参考文献

[1] 张荣全.小学低段儿童哲学教学实践研究[J].安徽教育科研,2021(13):119-120.

[2] 黄晓晓.儿童哲学融入幼儿园课程的价值析论[D].福州:福建师范大学,2019.

[3] 邵军.面向学科整合的信息化校本课程的设计与开发:以小学信息化背景下"儿童哲学与STEM+"课程开发为例[J].教育传播与技术,2019(3):12-14.

[4] 杨懿.儿童哲学课程中的教师:角色与任务[J].陕西学前师范学院学报,2019(4):30-33,79.

[5] 操睿.儿童哲学课程的整体性评价策略[J].教育视界,2022(25):42-45.

[6] 曹长青,李杰.儿童哲学校本课程教学模型建构[J].中学课程辅导(教学研究),2020(26):114-115.

[7] 王羽茜.探究团体在幼儿园大班儿童哲学课程中运用的行动研究[D].长春:长春师范大学,2021.

[8] MOLLOY J. S. Trainable Children,Curriculum and Procedures[M].New York:The John Day Co.,1963.

[9] 骆明丹.儿童哲学课程中国化的缘起、困境及对策[D].黄石:湖北师范大学,2018.

[10] 方展画,吴岩.李普曼以对话为核心的儿童哲学课程及其启示[J].教育研究,2005(5):70-76.

[11] 王占魁."爱智"抑或"爱人":论中国儿童哲学课程的价值与未来[J].教育发展研究,2020(22):11-20.

儿童哲学课程与多元文化包容性教育的协同效应

一、研究目的与问题提出

在全球文化交融的时代背景下,多元文化教育的重要性日益凸显。儿童哲学课程,以其独特的思维训练和道德培养功能,为多元文化教育的实施提供了新的视角。本文在深入探究儿童哲学课程如何有效推动多元文化包容性教育实践的基础上,尝试解答以下几个关键问题:儿童哲学课程如何助力儿童构建对多元文化的认知框架?儿童哲学课程在培养儿童跨文化交流能力方面有何独到之处?儿童哲学课程在多元文化包容性教育中的具体作用与价值体现在哪些方面?

针对上述问题,本文首先探讨儿童哲学课程如何引导儿童深入理解并尊重文化差异。通过哲学课程中的讨论与思辨,儿童能够接触到不同文化背景下的观点与价值观,从而拓宽他们的文化视野,增强对多元文化的认同感。此外,儿童哲学课程还鼓励儿童从不同文化角度审视问题,培养他们的文化敏感性和批判性思维能力,这对于建立全面的多元文化认知至关重要。

本文将分析儿童哲学课程在提升儿童跨文化交流能力方面的作用。哲学课程中的对话与辩论环节,不仅锻炼了儿童的语言表达能力,更教会了他们如何倾听、理解和回应来自不同文化背景的声音。这种交流能力的提升,有助于儿童在未来多元化的社会环境中更好地适应与融入,成为促进文化和谐与交流的重要力量。

通过实证研究与分析,我们将探讨哲学课程在培养儿童多元文化意识、提升跨文化交流能力以及塑造包容性社会态度等方面的实际效果。这将为我们进一步理解和优化多元文化教育的实践路径提供有力的理论支撑和实践依据。

二、儿童哲学课程概述

1. 儿童哲学课程的理论基础

儿童哲学课程，作为现代教育体系中的一股新兴力量，其理论基础深厚且多元，主要涉及哲学思考、批判性思维、道德发展以及多元文化教育等多个领域。这种课程通过引导儿童深入思考生活中的各种问题，不仅锻炼了他们的思维能力，还在无形中塑造了他们的道德观念和社会责任感。儿童哲学课程在培养儿童多元文化素养方面，也显示出了其独特的价值和作用。

在哲学思考方面，儿童哲学课程汲取了众多哲学流派的思想精髓，如古希腊哲学对于真理的追求、启蒙时代哲学对于理性的推崇等。这些哲学思想为儿童提供了一个宽广的视野，引导他们学会从不同角度审视问题，培养他们的思辨能力。课程通过组织学生对哲学问题进行讨论，比如"什么是正义？""我们如何知道某件事是真的？"等问题，激发学生对世界的好奇心和探索欲，同时也锻炼了他们的逻辑思维能力。

批判性思维是儿童哲学课程的另一个重要理论基础。在现代社会，信息爆炸式增长，批判性思维成为了一种不可或缺的能力。儿童哲学课程通过教授儿童如何辨别信息的真伪、如何评估论点的合理性等，培养他们的批判性思维能力。这种能力不仅有助于儿童在学术上的发展，更能帮助他们在日常生活中做出明智的决策。

道德发展理论在儿童哲学课程中同样占据重要地位。课程通过引导学生讨论道德问题，比如"我们应该如何对待他人""什么是公平"等，帮助他们建立正确的道德观念和价值观。这种教育方式不仅让学生在道德认知上有所提升,还能促进他们在行为上的改变,从而培养出更具社会责任感的一代新人。

儿童哲学课程还注重培养儿童的多元文化素养。在全球化日益加速的今天,多元文化素养显得尤为重要。课程通过介绍不同文化的价值观和生活方式,引导学生学会尊重和理解多元文化背景下的差异。这种教育不仅有助于培养儿童的跨文化交流能力,还能促进他们在未来更好地融入社会。

儿童哲学课程的理论基础广泛而深入,涵盖了哲学思考、批判性思维、道德发展以及多元文化教育等多个领域。这些理论相互交织、相辅相成,共同构成了儿童哲学课程的基石。通过引导学生深入思考和讨论生活中的各种问题,儿童哲学课程不仅锻炼了他们的思维能力、道德观念和社会责任感,还为他们的未来发展奠定了坚实的基础。同时,儿童哲学课程在培养学生多元文化素养方面的独特作用和价值也不容忽视,它有助于培养出一批具备跨文化交流能力和社会责任感的新一代青年。

2. 儿童哲学课程的教学目标

儿童哲学课程的教学目标主要聚焦于两大方面。其一是致力于培养学生的思维品质。这涵盖了逻辑思维、批判性思维以及创新思维等多个层面。通过儿童哲学课程,我们期望学生们能够学会更加严谨、系统地思考问题,形成清晰的逻辑推理能力。同时,课程也鼓励学生们对既有观点进行批判性思考,不盲从,勇于提出自己的见解。此外,创新思维的培养也是课程的重要目标,我们希望通过引导学生们从不同角度审视问题,激发他们的创新思维火花。

其二是培养学生的多元文化意识和跨文化交流能力。在全球化日益加速的今天,理解和尊重多元文化显得尤为重要。儿童哲学课程希望引导学生们认识到文化的多样性,学会欣赏和接纳不同文化背景下的个体和观念。通过课程中的讨论等活动,学生们将逐渐学会如何在多元文化环境中进行有效沟通,增强他们的跨文化交流能力。这不仅有助于学生们的个人成长,更对构建和谐、包容的社会环境具有深远意义。

为了实现这些教学目标，儿童哲学课程采用了多种教学方法和手段。例如，通过组织学生们进行小组讨论，让他们在交流中学会倾听和表达，同时培养他们的团队协作能力。此外，课程还引入了大量生动的案例和实践活动，让学生们在亲身体验中感受多元文化的魅力，提升他们的跨文化理解能力。

儿童哲学课程的教学目标并非一蹴而就，而是需要长期的努力和坚持。因此，教师在教学过程中需要保持耐心和热情，关注每个学生的成长和进步。同时，家长和社会的支持也是不可或缺的，只有形成家校共育的良好氛围，才能更好地促进学生们在思维品质和多元文化意识方面的全面发展。

儿童哲学课程旨在培养具有优秀思维品质和多元文化意识的学生，为他们的未来发展奠定坚实基础。通过不断创新教学方法和手段，我们相信这一目标定能得以实现。

3. 儿童哲学课程的教学方法

儿童哲学课程的教学方法灵活多样，旨在激发学生的哲学思考兴趣，培养他们的思维能力和多元文化理解。其中，讨论、案例分析和角色扮演是三种常用的方法。

讨论是儿童哲学课程的核心教学方法。在讨论中，教师作为引导者和促进者，鼓励学生围绕特定的主题或问题发表自己的观点和看法。这种开放式的交流不仅能够锻炼学生的逻辑思维和口头表达能力，还有助于他们学会倾听和尊重他人的意见，从而培养多元文化意识。例如，在讨论"友谊"这一主题时，教师可以引导学生思考不同文化背景下友谊的定义和价值观，从而增进他们对多元文化的理解。

案例分析是另一种有效的教学方法。通过选取具有代表性的案例，教师可以引导学生深入剖析案例中的哲学问题和多元文化元素。这种方法不仅能够帮助学生将抽象的哲学概念具体化，还能使他们在分析过程中加深对多元文化的认知。例如,通过分析一则关于文化差异导致误解的案例,学生可以更加深刻地理解到尊重和理解不同文化的重要性。

角色扮演是一种富有创意和互动性的教学方法。在角色扮演中,学生可以模拟不同文化背景下的生活场景,通过扮演不同的角色来体验和理解多元文化。这种方法能够增强学生对多元文化的感性认识和同理心,促进他们跨文化交流能力的发展。例如,教师可以组织一次以"世界各国的节日"为主题的角色扮演活动,让学生分别扮演不同国家的居民,介绍和庆祝各自的节日,从而在游戏中感受多元文化的魅力。

讨论、案例分析和角色扮演是儿童哲学课程中常用的三种教学方法。它们各有侧重,相互补充,共同构成了多元化、互动性的教学环境。通过运用这些方法,教师可以有效地引导学生进行深入的哲学思考,培养他们的思维能力和多元文化理解,为他们的全面发展奠定坚实的基础。同时,这些教学方法也体现了儿童哲学课程的独特魅力和价值所在,即能够启迪儿童的智慧,滋养他们的心灵,并引领他们走向更加宽广的世界。

三、多元文化包容性教育在儿童哲学课程中的实践

1. 多元文化包容性教育的理念与实施

多元文化包容性教育的核心理念在于倡导一种平等、尊重与包容的教育环境,其中每个来自不同文化背景的学生都能感受到被接纳与尊重。这种教育理念的实施,对于培养学生的全球视野和跨文化交流能力具有至关重要的意义。在儿童哲学课程中,这一理念的实践显得尤为突出。

教师在教学过程中,应当深入挖掘儿童哲学课程与多元文化教育的契合点。通过引导学生对不同文化背景下的哲学问题进行探讨,可以帮助学生建立起对多元文化的初步认知和理解。例如,在讨论"正义"这一主题时,教师可以引入不同文化对正义的不同诠释,从而引导学生思考并理解各种文化背景下的正义观念。

教师还应鼓励学生以开放的心态去接纳和理解多元文化。这不仅仅意味着对不同文化的简单认知，更要求学生能够在情感上接纳和尊重其他文化。为此，教师可以通过角色扮演、情景模拟等教学方式，让学生置身于不同文化的生活场景中，从而增进他们对多元文化的亲身体验和感受。

提供多样化的学习资源和机会也是实施多元文化包容性教育的重要途径。教师可以通过引入多元化的教学材料，如不同国家的哲学故事、寓言等，来丰富学生的学习体验。同时，教师还可以组织学生参加跨文化的交流活动，如国际哲学日、文化节等，让学生有机会与不同文化背景的人们进行交流和互动，从而深化他们对多元文化的理解和认同。

多元文化包容性教育在儿童哲学课程中的实践，需要教师在教学过程中注重引导学生关注不同文化背景下的价值观和生活方式，鼓励他们以开放的心态去理解和接纳多元文化，并为他们提供多样化的学习资源和机会。通过这些实践措施，我们可以有效地促进学生对多元文化的认知和理解，培养他们的跨文化交流能力，从而推动社会的和谐发展。

2. 实践案例分析：以某小学儿童哲学课程为例

为了更深入地理解多元文化包容性教育在儿童哲学课程中的实际应用，我们以某小学的儿童哲学课程为例进行详细的案例分析。

在这所小学中，教师们富有创意地在儿童哲学课程中加入了多元文化元素，以此作为推进多元文化包容性教育的重要手段。其中最具代表性的活动就是"世界文化周"。在这一周内，学校邀请了不同文化背景的家长和专家，他们带来了各自的文化传统、历史故事和独特的手工艺品，为学生们展示了一个五彩斑斓的多元文化世界。通过这种方式，学生们不仅能够亲眼看到、亲手摸到各种传统服饰和手工艺品，还能亲耳听到不同文化背景的故事和历史传说。这种直观且生动的体验，无疑让学生们对多元文化有了更加深刻的认知和理解。

除了"世界文化周"这样的全校性活动，教师们还在课堂上组织了跨文化交流小组活动。在这些活动中,学生们被分成不同的小组,每个小组内的成员都来自不同的文化背景。他们围坐在一起,分享自己的文化背景、家庭习俗、传统节日等。这样的交流不仅锻炼了学生们的口语表达能力,更重要的是,他们在交流中学会了倾听和理解他人的文化,从而培养了多元文化意识和跨文化交流能力。

这所小学的儿童哲学课程并没有停留在表面的文化展示和交流上,而是进一步引导学生们进行深入的思考和讨论。例如,在讨论不同文化背景下的道德观念和价值观时,教师们会设计一些具有争议性的话题,让学生们从不同的文化视角进行思考和辩论。这样的教学方式不仅锻炼了学生们的思维能力,也让他们在思考和辩论中更加深刻地理解了多元文化的内涵和价值。

通过这个案例,我们可以看到多元文化包容性教育在儿童哲学课程中的生动实践。这种教育方式不仅能丰富学生们的文化知识,还能够培养他们的多元文化意识和跨文化交流能力,为他们在全球化的世界中更好地生活和工作打下坚实的基础。

3. 实践效果评估与反思

实践效果的评估与反思对于教育实践的持续优化至关重要。在儿童哲学课程中实施多元文化包容性教育后,我们进行了深入的效果评估与反思。

(1) 评估方法的多样性

我们采用了多种方法来全面评估实践效果。首先,我们细心观察了学生在课堂讨论和跨文化交流活动中的表现。通过观察他们的参与度、互动方式以及对不同文化的理解和态度,我们能够直观地感受到多元文化包容性教育的初步成效。

我们积极收集了学生的反馈意见。在课后,我们与学生进行了深入的交流,询问他们对于课程的感受、对于不同文化的认识以及他们在活动中的体验。这些直接的反馈为我们提供了宝贵的改进建议。

我们还设计了一份详细的问卷调查,以更系统地收集数据和评估实践效果。问卷涵盖了学生对多元文化的认知、态度变化,跨文化交流能力的提升等方面,通过统计分析这些数据,我们得以更客观地评估教育的实际效果。

(2) 实践成效与发现

经过综合评估,我们发现多元文化包容性教育在儿童哲学课程中的实践取得了显著成效。学生们不仅对不同文化有了更深入的了解和认识,而且跨文化交流能力也得到了显著提升。他们在课堂讨论中更加积极、开放,能够尊重并理解不同文化背景下的观点。

我们也发现了一些值得改进的地方。例如,在部分活动中有些学生表现出较强的主动性,而有些学生则表现出相对被动。这提示我们在未来的实践中需要更加注重活动设计的针对性和互动性,以激发所有学生的参与热情。

(3) 反思与未来展望

在反思中,我们认识到多元文化包容性教育的实践不仅要求教学内容的丰富性和多样性,还要求教学方法的创新性和灵活性。我们需要根据学生的年龄特点和认知水平,不断调整和优化教学策略。

我们将进一步探索如何将多元文化包容性教育更深入地融入儿童哲学课程中。我们计划引入更多的实践性活动,如模拟联合国、文化体验日等,以提供更真实、更生动的多元文化学习环境。同时,我们也将加强师资培训,提升教师对多元文化教育理念和方法的掌握与运用能力。

通过对实践效果的评估与反思,我们不仅看到了多元文化包容性教育在儿童哲学课程中的积极成效,也明确了未来的改进方向和发展目标。我们相信,在不断的努力和探索下,我们能够更好地培养具有全球视野和跨文化交流能力的学生。

四、儿童哲学课程对多元文化包容性教育的影响

1. 儿童哲学课程对多元文化认知的促进

儿童哲学课程以其独特的视角和方法,为学生开启了一扇通向多元文化世界的大门。在课程中,教师通过精心设计的讨论主题和活动,引导学生深入思考和探索各种文化现象背后的价值观和生活方式。这不仅拓宽了学生的视野,让他们有机会接触到更加丰富多彩的文化元素,而且有助于他们建立起对多元文化的深刻认知和理解。

学生在参与哲学讨论的过程中,逐渐认识到每种文化都有其独特的魅力和价值,都值得被尊重和欣赏。他们开始学会用更加开放和包容的心态去看待不同的文化,尝试去理解和接纳与自己文化背景不同的人和事。这种转变对于学生的成长和发展具有重要意义,它不仅能够帮助学生更好地适应日益多元化的社会环境,还能够培养他们的跨文化交流能力,为未来的国际合作和交流奠定坚实的基础。

儿童哲学课程还强调对文化多样性的尊重和保护。在课程中,教师引导学生思考文化多样性对于社会进步和发展的重要意义,让他们明白保护文化多样性就是保护人类文明的宝贵财富。这种教育不仅有助于培养学生的文化自觉和文化自信,还能够激发他们的社会责任感和使命感,促使他们成为推动多元文化包容性教育的重要力量。

儿童哲学课程在促进儿童对多元文化的认知和理解方面发挥了积极作用。通过引导儿童深入思考和讨论多元文化问题,帮助他们建立起对多元文化的深刻认知和理解,培养了他们开放、包容的心态和跨文化交流能力。这不仅为儿童的全面发展提供了有力支持,也为推动社会的和谐发展做出了积极贡献。

2. 儿童哲学课程对跨文化交流能力的培养

儿童哲学课程在培养学生跨文化交流能力方面发挥着重要作用。这一

课程通过精心设计的教学活动,为学生营造了一个多元化、互动性强的学习环境,使他们在亲身体验中逐步领悟到跨文化交流的真谛。

在教学实践中,儿童哲学课程注重引导学生从不同文化视角出发,去审视和探讨生活中的各种问题。例如,通过引入世界各地的寓言故事、民间传说,让学生在聆听和讨论中感受不同文化背景下人们的智慧和价值观。这种教学方式不仅拓宽了学生的视野,也激发了他们对多元文化的好奇心和探究欲。

儿童哲学课程还鼓励学生积极参与模拟的跨文化交流活动。在这些活动中,学生有机会扮演不同文化背景的角色,模拟真实场景下的对话和互动。这种角色扮演的游戏方式,让学生在轻松愉快的氛围中学会了如何尊重他人的文化习俗,如何运用恰当的语言和非语言方式与不同文化背景的人进行有效沟通。

儿童哲学课程在培养学生跨文化交流能力的过程中,还注重培养他们的批判性思维。课程引导学生在接触不同文化时,不仅要保持开放的心态,更要学会独立思考和判断。通过讨论和辩论等形式,学生学会了如何在尊重差异的基础上,就不同文化间的问题进行理性分析和探讨,这对于他们未来在复杂多变的社会环境中保持清晰的头脑和持有独立的见解具有重要意义。

儿童哲学课程通过提供多样化的学习资源和机会,结合实践性强的教学活动,有效地培养了学生的跨文化交流能力。这种能力的培养不仅有助于增进学生对不同文化的理解和尊重,更将为他们在全球化时代中的个人成长和社会发展奠定坚实的基础。

3. 儿童哲学课程对社会和谐发展的贡献

儿童哲学课程通过其独特的教学理念和实践活动,对社会的和谐发展产生了深远的影响。在全球化日益加速的今天,文化多样性已成为社会发展的重要特征。因此,培养具备跨文化交流能力和对多元文化有深刻理解的公民,对于构建和谐社会具有重要意义。

儿童哲学课程通过引导学生对不同文化进行探究和思考,帮助他们建立起对多元文化的尊重和包容心态。这种教育不仅让学生了解到世界的多样性,还让他们学会如何在多元文化环境中生存和发展。当学生具备了跨文化交流的能力,他们就能更好地理解和接纳不同文化背景的人,从而减少因文化差异而产生的冲突和误解。

儿童哲学课程还强调培养学生的责任感和公民意识。在课程中,学生通过参与各种社会实践活动,学会了如何作为一个社会成员去承担责任和义务。他们了解到,每个人都有责任去维护社会的和谐与稳定,而这种责任感正是构建和谐社会的基石。

儿童哲学课程还通过培养学生的批判性思维和创新能力,为社会的持续发展注入了新的活力。在课程中,学生被鼓励去发现问题、提出问题并寻求解决方案。这种思维方式不仅有助于学生个人的成长,还能为社会带来新的思想和观念,推动社会的进步和发展。

儿童哲学课程在促进社会和谐发展方面发挥了重要作用。它不仅帮助学生建立起对多元文化的认知和尊重,还培养了他们的跨文化交流能力、责任感和公民意识。这些素质和能力将伴随学生成长,为他们未来在社会中发挥积极作用打下坚实的基础。因此,我们应该重视并推广儿童哲学课程,让更多的学生受益于这种教育理念和实践。

五、结论与展望

1. 研究结论与启示

本研究通过深入探讨儿童哲学课程与多元文化包容性教育的关系,得出以下主要结论。

儿童哲学课程对于促进学生对多元文化的认知和理解具有显著效果。通过引导学生对不同文化背景下的价值观和生活方式进行深入思考和讨论,儿童哲学课程成功地帮助学生建立起对多元文化的基本认知,并培养了他们的跨文化意识。

儿童哲学课程在培养学生跨文化交流能力方面发挥着重要作用。课程中的多样化教学方法,如讨论、案例分析和角色扮演等,有效地提高了学生的沟通技巧和策略,使他们在跨文化交流中更加自如和自信。

本研究还发现,儿童哲学课程对于促进多元文化包容性教育的实施和社会和谐发展具有积极意义。通过增进不同文化群体之间的理解和尊重,儿童哲学课程有助于减少文化冲突和误解,为社会的稳定和发展贡献力量。

基于以上结论,我们得到以下启示:

第一,应更加重视儿童哲学课程在多元文化教育中的作用。教育机构和教师应积极探索和创新教学方法,以充分发挥儿童哲学课程在培养学生跨文化意识和交流能力方面的优势。

第二,需要进一步加强师资培训,提高教师对多元文化教育的理解和实践能力。只有教师具备较高的多元文化素养和足够的教学技能,才能更好地引导学生探索和理解多元文化。

第三,家长和社会各界也应关注和支持多元文化教育。通过家校合作、社区活动等途径,共同为学生创造一个多元、包容的成长环境。

本研究不仅证实了儿童哲学课程在多元文化包容性教育中的重要作用,还为未来的教育实践提供了启示和建议。

2. 未来研究方向与展望

尽管本研究在儿童哲学课程与多元文化包容性教育的关系上做了一定的探讨,但仍存在诸多不足之处,这些不足也为未来的研究指明了方向。

本研究主要关注了儿童哲学课程对多元文化包容性教育的促进作用,但未能深入探究不同年龄段、不同文化背景的学生在接受这种教育时的差异性和适应性。未来可以进一步细分研究对象,考察不同群体学生在接受多元文化哲学教育时的反应和效果,以期为教育实践提供更加精细化的指导意见。

本研究在评估实践效果时主要采用了观察和问卷调查等方法,这些方法虽然能够在一定程度上反映实践效果,但仍存在一定的主观性和局限性。未来研究可以引入更多元化的评估方法,如量化分析、追踪研究等,以更全面、客观地评估儿童哲学课程对多元文化包容性教育的实际影响。

随着全球化的不断深入和科技的快速发展,多元文化教育的环境和方式也在不断变化。未来研究可以关注新技术、新媒体在儿童哲学课程和多元文化教育中的应用,探索如何利用这些现代工具提高教育的趣味性和有效性。

在多元文化包容性教育方面,未来研究还可以进一步拓展其内涵和外延。例如,可以探讨如何将多元文化包容性教育与其他教育领域相结合,如环境保护、社会公正等,以培养学生更全面的社会责任感和全球意识。

儿童哲学绘本课程的评价研究

一、问题的提出

儿童哲学之父李普曼教授将儿童哲学命名为"philosophy for children"。这里的"for"强调的是为儿童专门设计的教育训练计划,这个计划就是教师带领学生亲身体验哲学讨论的过程,训练学生严谨的逻辑推理能力。儿童哲学包括以培养学生思考技能和养成思维习惯为目标的微观儿童哲学、以提升学生的整体哲学质素为目标的中观儿童哲学,以及研究学生整个精神世界的宏观的儿童哲学。绘本作为一种由图画文本和文字文本共同构成的图文并重的书籍形式,特别强调文与图的内在关系,很好地起到了图与文的转化的"桥梁"作用。以图为主的绘本更为直观生动,图画所传递的信息使低龄学生更容易理解,在儿童的阅读兴趣、记忆持久性、想象力发展、思维和语言能力发展、社会化发展、健康人格塑造等方面发挥着积极的作用。

林崇德教授指出,核心素养是指学生在接受相应学段教育过程中,逐步形成的适应终身发展和社会发展需要的必备品格和关键能力。核心素养包括文化基础、自主发展、社会参与三个方面,综合表现为人文底蕴、科学精神、学会学习、健康生活、责任担当、实践创新六大素养。[①] 将儿童哲学以绘本的形式呈现,不仅能带给学生直观的视觉感受、多维的言语建构、丰富的情感体验、灵动的对话交流,还能帮助学生建构知识,树立正确导向的情感、态度和价值观,提升文化品格,更能丰富学生的精神生活,赋予学生强大的精神

---

① 辛涛,姜宇,林崇德等.论学生发展核心素养的内涵特征及框架定位[J].中国教育学刊,2016,(6):3-7,28.

力量。

二、拟解决的评价问题

当前,儿童哲学研究集中于探索儿童哲学在理论发展、教学实践和价值上的意义,对儿童哲学课程评价研究不足,对绘本阅读的评价缺失,缺乏客观科学的评价策略,以及有效、科学的评价工具。课程评价是课程研究领域的重要组成部分,儿童哲学作为一门课程,评价研究不可或缺。我们针对以上问题,就小学阶段的儿童哲学课程评价的原则、内容、工具的实践运用进行介绍。

三、主要观点

(一) 儿童哲学课程评价应突出多元评价主体

采用教师、同伴、学生等多角度评价的方式,全面评价学生在绘本阅读及相关方面的优点与不足。以鼓励为主,注重可持续性,发挥教育与激励功能;注重学生自评,引导学生深入探索自身的兴趣、感受与体会;鼓励同伴互评,使学生获得来自同辈群体的视角、观点与感受,在自我与他者间交互生成。对教师进行综合评价,促进教师的专业成长,切实发挥教师评价的激励和导向作用。不同主体共同参与评价,使评价的过程成为促进师生发展和提高的过程,使每一位参与者都能获得最大限度的发展和成功。

(二) 儿童哲学课程评价应秉持多元价值理念

评价应坚持"价值多元性"的信念,强调的是"多元价值"和"建设性"的立场,不只限于课堂学生的课堂回答和教师的课堂教学。学生的课前探索、课堂投入和课后投入等学习阶段都应被纳入进行整体的、全面的、过程性的评价。对于教师而言,课前的备课和预设,课堂的教学方式,课后的必要反思、对学生发展性评价等多方面内容,都是重要的评价标准参考内容。为保证评价的客观全面和效用性,应科学而有效地对教师的教和学生的学进行相应评价,制定一系列内容细致的评价表。课程评价方式包括即时性评价、阶段性评价、发展性评价、学校评价和学生评价等多种方式。①

(三) 儿童哲学课程评价应指向引导培育多元思维

儿童哲学课程的探究活动提倡将批判思维、创新思维、关爱思维、协作思维四种思维方式的培养相融合,教师和学生在儿童哲学的教和学的过程中,锻炼多元思维能力,提高思辨能力,形成基本的哲学思维和思辨概念。我们的评价也是从多个方面展开的,包括学生的阅读兴趣、记忆持久性、想象力发展、思维和语言能力发展、社会化发展、健康人格塑造等多个方面。

四、关键举措

(一) 制定评价原则

1. 发展性原则

注重发挥教育与激励功能,使评价的过程成为促进师生发展和提高的过程,使每一位师生获得最大限度的发展和成功;师生在儿童哲学的教学过程中,锻炼思维能力,提高思辨能力,形成基本的哲学思维和思辨概念。

2. 开放性原则

评价应坚持"价值多元性"的信念,强调的是"多元价值"和"建设性"的立场,不只限于课堂学生的课堂回答和教师的课堂教学。采用教师、同伴、学生等多角度评价的方式,全面评价学生在绘本阅读及相关方面的优点与不足,鼓励为主,注重可持续性。

3. 整体性原则

整体地、全面地、过程性地对学生的课前探索、课堂投入和课后投入进行评价。对于教师而言,课前的备课和预设,课堂的动态生成,课后的必要反思、对学生发展性评价等多方面内容,都将成为评价的具体指向。

---

① 吴国平.课程中的儿童哲学.[M]上海:上海教育出版社,2018:45-46.

4. 可操作性原则

科学而有效地对教师的教和学生的学进行评价,制定一系列内容细致的评价表格,评价方式包括即时性评价、阶段性评价、发展性评价、学校评价和学生评价等多种方式,以保证评价的全面、客观和有效。

(二) 设计评价工具

1. 设计学生自评表

儿童哲学课程的核心旨在提高学生思考、思维能力,而绘本的图画式阅读方式则需要学生将图画内容转化为语言文字的表达,课堂教学引导学生分享、交流与合作,贯穿始终的是学生的学习态度。因此,学生自评的内容包括思维能力、表达能力、合作能力和学习态度评价四个大的维度,"思维能力评价"包括学生发现问题、提出问题、分析问题、解决问题等能力;"合作能力评价"包括学生善于倾听和批判性地接受同伴的观点与意见,同时不断修正和完善自己的观点;"表达能力评价"包括学生能清晰、连贯、有条理地表达自己的理解和观点;"学习态度评价"包括学生对课程活动的参与和投入的程度。

在这四个大的维度的基础上,根据小学不同年级学生的身心特点和所读绘本的具体内容,制定评价工具,制作不同的评价量化表,以"得星制"对学生的学习情况进行评价。不同年级的评价表见表1—5。

表1 "儿童哲学与绘本阅读课"学生评价表(一年级)

评价内容	评价指数(最高五颗星)
我思考并了解了生命的起源	☆☆☆☆☆
我积极举手并大胆发言	☆☆☆☆☆
我积极参与讨论并倾听他人	☆☆☆☆☆
我很喜欢这堂课	☆☆☆☆☆
同伴评价	☆☆☆☆☆

表 2 "儿童哲学与绘本阅读课"学生评价表(二年级)

评价内容	评价指数(最高五颗星)
我思考并知道了教养与规则的重要性	☆☆☆☆☆
我积极举手并大胆发言	☆☆☆☆☆
我积极参与讨论并倾听他人	☆☆☆☆☆
我很喜欢这堂课	☆☆☆☆☆

表 3 "儿童哲学与绘本阅读课"学生评价表(三年级)

评价内容	评价指数(最高五颗星)
我思考并知道了责任与担当	☆☆☆☆☆
我积极举手并大胆发言	☆☆☆☆☆
我积极参与讨论并倾听他人	☆☆☆☆☆
我很喜欢本堂课	☆☆☆☆☆

表 4 "儿童哲学与绘本阅读课"学生评价表(四年级)

评价内容	评价指数(最高五颗星)
我思考并知道了要怀感恩之心	☆☆☆☆☆
我积极举手并大胆发言	☆☆☆☆☆
我积极参与讨论并倾听他人	☆☆☆☆☆
我很喜欢本堂课	☆☆☆☆☆

表 5 "儿童哲学与绘本阅读课"学生评价表(五年级)

评价内容	评价指数(最高五颗星)
我思考并知道了什么是死亡	☆☆☆☆☆
我积极举手并大胆发言	☆☆☆☆☆
我积极参与讨论并倾听他人	☆☆☆☆☆
我很喜欢这堂课	☆☆☆☆☆

2. 设计教师评价表

在课堂教学中,评价要关注两个重要方面。一是评价教师的"教"——评判教师的教学活动是否达到预设的目标、教学结果是否有效;二是评价学生的"学"——学生的学习结果是否达到儿童哲学绘本教学目标的要求。在已有的教学实践中,我们对教与学两个方面进行评价,从教学环节的科学性、层次性,从课程目标的达成度,对每位学生的关注度,在开发和建设儿童哲学课程过程中的专业水平等多个方面进行了评价。评价内容见表6。

表6 "儿童哲学与绘本阅读课"课堂教学评价表

项目	序号	评价指标	评价等第 A	B	C	D
教师的教	1	教学目的				
	2	教学内容				
	3	教学过程和方法				
	4	教学基本素养				
	5	教学即时效果				
学生的学	6	主动参与程度				
	7	思维活跃程度				
	8	同伴合作				
	9	学习效果				
精彩瞬间						

评价人:

(三)设计评价时间节点

在进行评价时,我们将即时评价、阶段性评价和发展性评价相结合。课堂教学中,通过多种方式给予学生鼓励性或引导性的语言评价,每个主题教学结束后通过作品汇报与成果展示让学生获得成就感,通过每学期一次的发展性评价让学生看到自己的变化。家长、学生和教师都参与到这些评价中来,家校协同进行评价,促进学生多维度的发展。

五、显著成效

在学校儿童哲学课程教学的引领启发下,无论是学生还是家长都深感儿童哲学绘本阅读如和风细雨般启智润心的良好效果,学生对儿童哲学绘本的阅读兴趣从课堂教学延伸到了课后以及节假日。为丰富绘本阅读资源,家委会积极行动,通过各种方式增加绘本数量,如图书馆借阅、向亲朋好友借阅、网购,并组团式开启亲子共读。不少优秀的绘本让学生和家长更深入地走进了生命教育,触动很大。

起于学校,拓展到家庭的儿童哲学绘本共读愉悦、滋润了学生和家长的心灵,让亲子关系更加融洽,也给学生带去许多思考的乐趣、知识的收获、沉浸式的欢乐……我们深深感受到,基于优秀的绘本哲学读本,生活中的万事万物都能引起学生们的哲学思考,发展学生们的思维能力。

(一)通过教师评价,发挥了评价的改进作用

教师评价是教育评价的核心,是助力教师发展的动力。通过学生、教师和家长对教师"教"的过程和结果进行评价,可以让每位课程教师得以借助评价,及时发现自身的优势和薄弱之处,对自己做出更准确的专业诊断,总结经验,明确自己需要改进的方面,促进自己的专业成长。

我校青年教师沈澍煜教师这样评价该课程:

"将儿童哲学绘本作为载体运用于小学阶段的教育是一项艰难的任务,因为教师不能仅仅停留在通过绘本让学生明白道理,更要发展学生的哲学思考能力。在设计儿童哲学绘本教育课程时,教师需要自己先走进绘本,仔细钻研绘本,才能开展一节有效的课堂。绘本与语文课文不同,不仅有文字,还有图画。因此,教师需要关注其中的图画和文字,从学生的角度思考他们每次翻页时会存在什么疑惑,从图片和文字上分别了解到什么信息。只有教师细细推敲、反复琢磨了,才能引导学生读懂故事、发现细节、感悟内涵。在课堂中教师要以学生为主体,激发他们的哲学思考能力。我发现在

儿童哲学绘本教育课堂上,学生比平时更乐于表达自己的观点,络绎不绝的小手举起,异想天开的回答令人感到惊喜。学生们独立地提出问题、发表看法,这本身就是一种值得肯定的哲学行为。在此过程中,教师应注意课堂语言的组织儿童化,不要用过分哲学化的语言和学生交流。当然,要想持续地培养儿童的哲学思考能力,还需要家校长期培养学生的自主阅读习惯和提升教师解读绘本故事的能力。希望学校的儿童哲学绘本阅读课今后能渗透到学校和家庭的教育中,培养学生的哲学思考能力,让绘本教学常态化。"

(二) 通过学生评价,促进了学生多方面发展

通过评价量表等工具进行自我评价,学生能够对自己的学习过程和结果进行反思,实现自我认识、自我调整和自我实践,达到积极的自我教育与主动成长。教师从旁引导的同时,会更关注学生思维能力、表达能力、合作能力和学习态度等多个方面的成长,对学生进行综合评价,而不是紧盯着具体的分数。评价资料的不断积累,可以让学生从自己记录的文字中感悟并审视自己的成长过程,这在很大程度上起到了激励的作用。通过发展性评价,学生也能够更加明确自己未来的成长目标。

五(1)班的吴秋乙同学在参与了《活了100万次的猫》课堂活动后,在课堂体验表中提出了自己的问题:

"每一次面对死亡时,那只猫的心情为什么都不一样?同伴的观点是:人的生命只有一次,要活成自己的样子,面对死亡,不要感到害怕,要坦然接受。我的观点是:猫不喜欢前面的100万次的人生,而喜欢最后一次。因为它终于不再受人束缚,是真正属于自己的猫了。因为猫只有这一次有了对别人的真感情,只有这一次它才真正地哭了,它活成了自己喜欢的样子。这只猫有着100万次的生命,而我们人只有一次,我们应当努力地奋斗,不留遗憾,活成自己想要的样子。面对死亡,我们应该坦然接受,毕竟人终有一死。"

(三) 通过家长评价,形成了家校教育合力

家长作为评价主体之一,参与了儿童哲学绘本教育课程评价。家长们通过自愿听课等方式主动参与到教学活动当中来,对儿童哲学绘本课程的价值给予高度肯定,为课程的进一步改进提供意见建议,很好地形成了家校教育合力。

四(1)班武麟同学家长侯霞女士这样评价:

"我的孩子大麟同学就读的三灶学校开设了儿童哲学绘本教育课程,他们班级最近这一年上了不少哲学教育开放课,其中几节课是有关生命教育,如《小威向前冲》《爱心树》……作为学生家长,我也有幸参与听课。课程的实践,让我们得以近距离接触生命教育,不仅给我们父母带来了很多触动,也给孩子带来了许多的知识、欢乐和思考……"

六、特色亮点

在儿童哲学绘本的教学实践中,常常存在将传统课文教授的方式和路径进行照搬和移植的现象,这既忽略了绘本作为教学素材的特点,又忽视了儿童哲学课程的特殊性。基于这些问题,我们设计并实施了校本研发的儿童哲学绘本课程的评价原则与评价工具,为儿童哲学绘本课程的"教"与"学"的目标达成提供了可行且有效的判断依据,在实践中取得了良好的效果。

儿童哲学课程教学方法的创新研究

儿童哲学课程,作为培养儿童批判性思维、逻辑思维和创新能力的有效途径,其教学方法的创新显得尤为重要。本研究聚焦于儿童哲学课程教学方法的创新,通过深入探索优势视角教学评价、图像化思维应用及思维工具创新等多个维度,希望能为儿童哲学教育提供一套科学、高效的教学模式。本文将从理论基础、实施策略及实践效果等方面全面阐述这些新兴教学方法,以期为儿童哲学课程的教学改革提供参考。

一、儿童哲学课程与优势视角教学评价

(一)优势视角教学评价的理论基础

优势视角教学评价,作为一种新兴的教学评价方式,其理论基础深厚且多元,主要汲取了积极心理学和优势视角理论的精髓。它侧重于发现并赞赏个体的优势、潜力和资源,而非过分聚焦于问题和不足。在儿童哲学课程中,此评价方式独辟蹊径。

1. 理论来源

优势视角教学评价的理论根基主要是积极心理学与优势视角的社会工作理论。积极心理学,作为一个研究领域,强调研究人类积极的品质,关注人类的力量和美德,提倡用一种更加开放和欣赏的眼光去看待人类的潜能、动机和能力。而优势视角的社会工作理论,则鼓励从一个全新的、正面的视角去审视和理解个体,认为每个人都有自己独特的优势、资源和潜力,即便是在困境中,也能发现并利用这些内在的力量来解决问题,实现自我成长。

这两种理论相互交融,共同构成了优势视角教学评价的理论支柱,强调

在教育评价中,应更多地关注学生的优势、潜力和积极面,而非仅仅盯着他们的不足和问题。这种评价方式不仅有助于提升学生的自信心和自我价值感,还能激发他们的学习兴趣和动力,促进他们的全面发展。

2. 基本概念

优势视角教学评价的核心在于关注和赞赏学生在哲学思考过程中所展现出的积极品质、创新思维以及问题解决能力。这一评价方式通过正面的反馈和激励,旨在促进学生的全面发展,让他们在哲学的探索中不仅能够锻炼逻辑思维能力,更能培养积极向上的人生态度和正确的价值观念。

在儿童哲学课程中,优势视角教学评价的实施显得尤为重要。通过优势视角教学评价,教师可以更好地发现并赞赏学生在哲学思考中的闪光点,无论是他们独到的见解、创新的思维,还是他们勇于探索、敢于质疑的精神。这种正面的评价和激励,无疑会极大地提升学生的学习兴趣和自信心,让他们在哲学的道路上走得更远、更稳。

优势视角教学评价也有助于培养学生的批判性思维。在传统的评价方式中,教师往往更侧重于指出学生的错误和不足,而忽视了他们在思考过程中所展现出的优点和潜力。在优势视角教学评价中,教师会更多地关注学生的积极面和创新点,鼓励他们从不同的角度去思考问题,提出自己的见解和观点。这种评价方式不仅有助于提升学生的思辨能力,还能培养他们的创新意识和团队合作精神。

优势视角教学评价为儿童哲学课程注入了新的活力和动力。它让教育者能够用一个更加开放和欣赏的眼光去看待每一个学生,发现他们的优势和潜力,并通过正面的评价和激励,促进他们的全面发展。这种评价方式不仅有助于提升学生的学习兴趣和自信心,还能培养他们的批判性思维和创新意识,为他们的未来发展奠定坚实的基础。

(二)优势视角教学评价的实施策略

在儿童哲学课程中实施优势视角教学评价,关键在于采取全面且有效的评价策略。这一过程中,评价标准的制定、评价方法的选择以及评价过程中的互动与沟通都显得尤为重要。

1. 评价标准的制定

制定评价标准时,我们应以学生的优势为导向,重点关注他们在哲学思考、逻辑推理、创新思维等方面的表现。这样的评价标准有助于我们发现并鼓励学生发挥他们的长处,进一步提升他们的思考能力。我们可以设定一些明确的指标,如学生在哲学讨论中提出的有深度的观点数量、逻辑推理的准确性等,以此来量化评估他们的表现。

评价标准也应注重学生的进步和成长,而非仅仅关注他们当前的绝对水平。通过定期评估,我们可以观察到学生在哲学课程学习过程中的变化,从而更准确地评价他们的学习效果。

2. 评价方法的选择

为了全面收集学生在学习过程中的表现信息,我们应采用多元化的评价方法。观察记录是一种有效的方法,教师可以通过观察学生在课堂上的表现,记录他们在哲学思考、讨论和问题解决等方面的表现。此外,口头反馈也是一个重要的评价方式,教师可以即时给予学生反馈,指导他们进一步思考。

除了教师的评价外,同伴评价也是一个不可忽视的环节。同伴之间的评价可以让学生从不同的角度了解自己的表现,同时也能促进他们之间的合作与交流。

3. 评价过程中的互动与沟通

在评价过程中,鼓励学生参与评价、与教师及同伴进行互动和沟通是至关重要的。这样的互动不仅能让学生更深入地了解自己的优势和不足,还能激发他们的学习兴趣和动力。

教师可以通过组织小组讨论、角色扮演等活动,为学生提供互动和沟通的平台。在这些活动中,学生可以自由地表达自己的观点、听取他人的意见,并共同探讨解决问题的方法。这种互动式的评价方式不仅能提升学生的哲学思考能力,还能培养他们的团队协作精神和沟通能力。

(三)优势视角教学评价的实践效果

通过案例分析等方式,我们可以清晰地观察到优势视角教学评价在儿童哲学课程中所展现出的实际效果。这种评价方式不仅提升了学生的学习积极性,还显著促进了他们思维能力的发展。

1. 学生积极性的提升

在儿童哲学课程中实施优势视角教学评价后,学生们展现出了更高的参与度和学习动力。正面评价和激励使得学生们更加愿意主动参与到哲学讨论和思考中来,他们开始积极发表自己的观点,与同伴进行深入的交流和辩论。这种积极性的提升不仅体现在课堂讨论的活跃度上,还反映在学生们对于课后作业的完成度和质量上。他们开始更加认真地对待每一次作业,努力挖掘哲学问题背后的深层次意义,以期在课堂上展现出自己的最佳状态。

优势视角教学评价还激发了学生们的竞争意识。他们渴望在课堂上获得教师与同伴的认可和赞扬,因此会投入更多的时间与精力去准备和思考。这种良性的竞争氛围进一步提升了学生们的学习积极性,使得整个课堂充满了活力和创造力。

2. 思维能力的发展

优势视角教学评价关注学生的优势和潜能,这一点对于促进学生思维能力的发展至关重要。在儿童哲学课程中,教师通过观察学生在讨论和思考过程中展现出的创新思维和逻辑推理能力,给予他们正面的评价和激励。这种评价方式不仅让学生们感受到了成功的喜悦,还激发了他们进一步探索哲学世界的热情。

在优势视角教学评价的引导下,学生们开始学会从不同角度审视哲学问题,他们的思维变得更加开阔和灵活。同时,他们也学会了如何运用逻辑推理来论证自己的观点,使得他们的思考更加严谨和有条理。这种思维能力的发展不仅提升了学生们的哲学素养,还为他们未来的学习和生活奠定了坚实的基础。

优势视角教学评价还促进了学生之间的交流与合作。在课堂上,学生们需要相互讨论、辩论,共同探索哲学问题的真谛。这种互动与合作不仅锻炼了他们的沟通能力和团队协作精神,还让他们在相互学习中不断进步和成长。

二、图像化思维在儿童哲学课程中的运用

(一) 图像化思维的概念与特点

图像化思维,作为一种独特且高效的思维方式,正逐渐在教育领域,特别是儿童哲学课程中,展现出不可或缺的价值。它通过图像、图表等直观手段来阐述和解析复杂的概念与思维过程,使得学习者能够更为轻松地理解和掌握相关知识。

图像化思维,顾名思义,即利用图像元素来呈现和构建思维模型。这种思维方式的核心在于将抽象、复杂的概念或问题,通过直观的图像形式进行表达,从而帮助人们更好地理解和分析问题。在儿童哲学课程中,图像化思维可以有效地辅助学生们理解深奥的哲学概念,提升他们的思维能力和创造力。

在探讨"自由"这一哲学概念时,教师可以通过绘制一个简单的图形,如一只鸟在笼子里和笼子外的不同状态,来引导学生们理解"自由"的多重含义。这样的教学方式不仅直观易懂,还能激发学生们的思考兴趣和想象力。

图像化思维具有三大显著特点:直观性、形象性和易于理解性。

1. 直观性

图像化思维能够将抽象的概念具体化,使得学习者能够直观地看到问题的本质和关联。这种直观性在儿童哲学课程中尤为重要,因为学生们往

往更善于通过视觉信息来理解和记忆知识。

2. 形象性

与文字描述相比,图像更具有生动性和形象性。通过图像化思维,教师可以将枯燥的哲学理论转化为生动的图像故事,从而吸引学生们的注意力,提高他们的学习兴趣。

3. 易于理解性

由于图像化思维采用了直观且形象的表达方式,因此它能够有效地降低学习难度,提高学习者学习效率。特别是对于认知能力尚在发展中的儿童来说,图像化思维无疑是一种更为友好的学习方式。

图像化思维在儿童哲学课程中具有重要的应用价值。它不仅能够帮助学生们更好地理解和掌握哲学知识,还能激发他们的思维活力和创造力,为他们的全面发展奠定坚实基础。因此,教师在设计儿童哲学课程时,应充分考虑图像化思维的运用,以期达到更佳的教学效果。

(二) 图像化思维在儿童哲学课程中的实施方式

1. 哲学概念的图像化呈现

在儿童哲学课程中,哲学概念的图像化呈现是一种有效的教学方法。由于儿童的认知能力和抽象思维能力相对有限,通过图像、图表等方式直观展现哲学概念,能够帮助他们更好地理解和记忆。例如,在讲解"自由意志与决定论"这一复杂哲学问题时,教师可以利用动画或漫画的形式,展现一个人在不同情境下的选择过程,从而帮助学生理解自由意志的含义及其与决定论的关系。

图像化呈现还能激发学生的学习兴趣。色彩鲜艳、形象生动的图像能够吸引学生的注意力,使他们在愉悦的氛围中学习哲学知识。同时,这种呈现方式也有助于培养学生的观察力和想象力,为后续的哲学思考和讨论奠定基础。

2. 哲学讨论的图像化引导

在哲学讨论中,图像化引导同样发挥着重要作用。教师可以通过提出图像化的问题,引导学生进行深入的哲学思考。例如,在讨论"正义"这一主题时,教师可以展示一幅关于资源分配的图画,引导学生思考如何公平地分配资源,并让他们在讨论中表达自己的观点。

图像化引导不仅能够帮助学生更好地理解哲学问题,还能促进他们的思维发展和语言表达能力的提升。在讨论过程中,教师可以通过图像化的方式记录和总结学生的观点,形成可视化的思维导图,从而帮助他们更好地梳理和表达自己的思想。

3. 哲学思维的图像化总结

在哲学课程结束时,通过图像化的方式总结学生的思维过程和成果,不仅有助于其巩固所学内容,还能为其提供一个直观的学习反馈。教师可以利用图表、流程图等可视化工具,将学生在讨论中提出的观点和思路进行整理和呈现,帮助他们清晰地看到自己的思考轨迹和进步。

图像化总结还能激发学生的创造力和批判性思维。在总结过程中,教师可以引导学生对自己的观点进行反思和评价,鼓励他们提出新的问题和假设,从而培养他们的哲学素养和思维能力。

图像化思维在儿童哲学课程中的运用具有重要意义。通过哲学概念的图像化呈现、哲学讨论的图像化引导以及哲学思维的图像化总结,教师能够有效地提升学生对哲学知识的理解和应用能力,促进他们的全面发展。

(三)图像化思维对儿童哲学课程的影响

图像化思维在儿童哲学课程中扮演着重要的角色,其直观性、形象性的特点不仅提高了学生的学习兴趣,还显著增强了他们的理解能力,并进一步促进了他们的思维发展。

1. 提高学习兴趣

图像化思维通过直观、形象的展现方式,能够迅速吸引学生的注意力,激发他们的学习兴趣。在儿童哲学课程中,利用图像、图表等可视化工具将哲学概念、故事或情境呈现出来,使得抽象难懂的哲学思想变得生动且易于理解。这种教学方式不仅符合学生认知发展的特点,还能够调动他们的学习积极性,让他们更加主动地参与到哲学思考和讨论中来。

在探讨"什么是友谊"的哲学主题时,教师可以通过绘制简单的图画或展示相关的绘本,来引导学生思考和讨论友谊的含义和价值。这种寓教于乐的方式,不仅能够让学生在轻松愉快的氛围中学习哲学知识,还能够激发他们的学习兴趣和热情。

2. 增强理解能力

图像化思维有助于学生将复杂的哲学概念具体化、形象化,从而降低学习难度,增强他们的理解能力。哲学概念往往抽象且深奥,学生理解起来有一定的困难。而图像化思维能够将这些概念以直观、形象的方式呈现出来,帮助学生更好地理解和掌握。

在解释"自由意志"这一哲学概念时,教师可以通过一个简单的图示来展示自由意志与决定论之间的关系。这样一来,学生就能够更加清晰地理解自由意志的含义及其重要性。同时,图像化思维还能够引导学生深入思考哲学问题,培养他们的批判性思维和独立思考能力。

3. 促进思维发展

通过图像化思维的引导和实践,学生能够在哲学讨论中更加深入地思考问题,从而培养他们的逻辑思维和创新能力。图像化思维不仅能够让学生更加直观地理解哲学概念和问题,还能够激发他们的想象力和创造力。在哲学课程中,教师可以通过图像化思维来引导学生进行深入的哲学思考和讨论,让他们在思考和交流中不断锻炼和提升自己的思维能力。

在探讨"正义"的哲学主题时,教师可以利用图像化思维来引导学生思考什么是正义、如何实现正义等问题。通过绘制相关的图画或展示相关的视频资料,教师可以激发学生的思考兴趣并引导他们进行深入的讨论和交流。这种教学方式不仅能够让学生更加深入地理解正义的内涵和价值,还能培养他们的逻辑思维和创新能力。同时,通过图像化思维的训练,学生还能够更好地理解和应对现实生活中的复杂情境和问题,提升他们的解决实际问题的能力。

三、思维工具在儿童哲学课程中的应用与创新

(一) 常用思维工具及其在儿童哲学课程中的应用

1. 思维导图

思维导图,以其直观且富有创造性的图形表达方式,正逐渐成为儿童哲学课程中不可或缺的教学辅助工具。它能够将抽象的哲学概念、观点以及它们之间的关系以树状图的形式呈现出来,使复杂的哲学思想一目了然。在儿童哲学课程中,教师可以引导学生共同创建思维导图,通过这一过程,不仅帮助学生厘清了哲学概念的内涵与外延,还锻炼了他们的逻辑思维和创造性思维。例如,在探讨"自由与责任"这一主题时,教师可以和学生一起绘制思维导图,以"自由"和"责任"为核心节点,然后分别延伸出它们的定义、关系、实例等子节点。这样的教学方式不仅使得哲学讨论更加有条理,还能帮助学生在脑海中构建起一个清晰的知识网络。

2. 概念图

概念图则是另一种重要的思维工具,它侧重于展示概念之间的关系和层次结构,有助于学生形成系统性的知识框架。在儿童哲学课程中,概念图可以帮助学生更好地理解和掌握哲学知识体系中各个概念之间的联系和区别。以"伦理学"为例,教师可以通过概念图来展示"善""恶""正义""非正义"等核心概念及其相互关系,帮助学生理解这些抽象概念的内涵和外延。同时,学生也可以自己尝试绘制概念图来复习和巩固所学知识,提高自主学习和独立思考能力。

3. 辩论工具

辩论是儿童哲学课程中不可或缺的一环,它不仅能够锻炼学生的语言表达能力,还能培养他们的批判性思维和逻辑思维能力。而辩论工具,如辩论卡片和论点分类表等,则能够有效地辅助学生进行辩论准备和实战演练。例如,教师可以引导学生使用辩论卡片来整理和记录自己的观点、论据以及反驳对手的策略。这样的准备过程能够帮助学生更加清晰地梳理自己的思路,增强辩论的条理性和说服力。同时,论点分类表则可以帮助学生将不同的观点按照一定的逻辑顺序进行排列组合,使得他们的辩论更加有层次感和逻辑性。

思维导图、概念图和辩论工具等思维工具在儿童哲学课程中具有广泛的应用前景。它们不仅能够帮助学生更好地理解和掌握哲学知识,还能锻炼他们的逻辑思维能力、创造性思维能力和语言表达能力。因此,教师在教学过程中应该充分利用这些思维工具来提高教学效果和学生的学习体验。

(二)思维工具的创新应用策略

为了更有效地在儿童哲学课程中运用思维工具,创新是不可或缺的环节。通过结合具体的教学内容、引入数字化工具,以及强化实践操作,我们可以大大提升学生的学习体验和哲学思维能力。

1. 融合教学内容,定制思维工具应用

儿童哲学课程涵盖了众多深奥却又充满趣味的哲学概念。为了帮助学生更好地掌握这些概念,并培养他们的思辨能力,教师应当根据教学内容和目标,精心选择适用的思维工具。例如,在探讨"自由与责任"这一主题时,教师可以利用思维导图来梳理自由的定义、类型及其与责任的关系,帮助学生形成清晰的知识框架。同时,结合概念图来展示不同哲学家对于自由和责任的不同观点,引发学生的深入思考和讨论。

教师还可以根据教学内容设计具有针对性的思维工具应用活动。比如,在探讨"正义"的主题时,可以组织学生进行角色扮演游戏,利用辩论工具来展开关于正义的不同观点的辩论,让学生在亲身体验中感受哲学的魅力,提升他们的思辨能力和语言表达能力。

2. 借助数字化工具,丰富思维工具应用体验

随着科技的发展,数字化工具为教育领域带来了前所未有的便利和创新。在儿童哲学课程中,教师可以积极引入在线思维导图软件、电子辩论平台等数字化工具,为学生提供更加便捷、高效且富有趣味性的学习体验。这些数字化工具不仅能够帮助学生快速创建和编辑思维导图、概念图等,还能实时保存和分享学习成果,激发学生的学习兴趣和积极性。

数字化工具还能为哲学讨论和辩论提供更加广阔的平台。例如,利用电子辩论平台,学生可以随时随地参与哲学话题的讨论,与来自不同地区、不同文化背景的同学进行交流和思维碰撞,拓宽他们的视野和思维方式。

3. 强化实践操作,深化思维工具应用效果

"实践出真知",对于儿童哲学课程而言,实践操作是巩固和深化学生学习成果的重要环节。教师可以通过组织丰富多彩的实践活动,如绘制哲学主题的思维导图比赛、哲学辩论赛等,让学生在亲身参与中感受思维工具的独特魅力,提升他们的实践能力和创新精神。

这些实践活动不仅能够帮助学生将所学的哲学知识和思维方法付诸实践,还能培养他们的团队合作精神和领导能力。例如,在辩论比赛中,学生需要相互配合、共同协作来准备辩论材料、制定辩论策略等,这无疑会提升他们的团队协作能力;而在辩论过程中,学生需要敢于表达、善于倾听、勇于质疑和反驳,这又会锻炼他们的领导力和批判性思维。

(三) 思维工具应用效果的实证研究

为了深入探究思维工具在儿童哲学课程中的实际应用效果,我们进行了细致的实证研究。通过科学严谨的实验设计与实施,以及对所得数据的详尽分析,我们得以一窥思维工具在提高学生学习效果和思维能力方面的显著作用。

1. 实验设计与实施

为了确保实验的有效性和可靠性，我们精心设计了对比实验。实验中，我们将参与学生随机分为两组：实验组和对照组。实验组在儿童哲学课程中引入并使用思维工具，如思维导图、概念图和辩论工具等；而对照组则按照传统方式进行教学，不引入额外的思维工具。

在实验过程中，我们严格控制了其他变量的影响，以确保实验结果主要反映思维工具的使用效果。同时，我们对两组学生在课程学习中的表现进行了详细的观察和记录，包括他们的参与度、思考深度、论点构建的逻辑性等。

2. 数据分析与讨论

在实验结束后，我们对收集到的数据进行了全面的统计分析。结果显示，实验组学生在使用思维工具后，其学习效果和思维能力均得到了显著提升。

实验组学生在哲学讨论中的参与度明显高于对照组，他们更愿意发表自己的观点，并且能够更深入地思考问题。此外，实验组学生在构建论点时也展现出了更强的逻辑性，能够更清晰地表达自己的思想。

这些结果表明，思维工具在儿童哲学课程中的应用确实能够有效提高学生的学习效果和思维能力。这些工具不仅帮助学生更好地组织和表达自己的想法，还激发了他们的学习兴趣和积极性。

进一步的分析还显示，不同类型的思维工具对学生的影响也存在差异。例如，思维导图在帮助学生整理和记忆哲学概念方面效果显著，而辩论工具则在提升学生的辩论能力和批判性思维能力方面发挥了重要作用。

通过实证研究我们验证了思维工具在儿童哲学课程中的应用效果。这些工具不仅提高了学生的学习效果，还在培养他们的思维能力方面发挥了积极作用。因此，在未来的儿童哲学教学中，我们应更加注重思维工具的应用与创新，以进一步提升教学质量和效果。

四、以问题为导向的教学方法在儿童哲学课程中的实践

(一) 以问题为导向的教学方法的理论基础

以问题为导向的教学方法(problem-based learning,简称 PBL),其理论基础主要是建构主义和情境教学理论。这一方法强调学生在解决实际问题中的主动学习和知识建构,而非传统的被动接受知识。在儿童哲学课程中,PBL 方法的应用显得尤为贴切,因为它鼓励学生提问、探究和反思,从而培养他们的批判性思维和哲学素养。

PBL 理论认为,学习是一个主动的、建构性的过程。当学生面临一个真实、复杂的问题时,他们会被激发出探究的欲望,进而主动寻找、整合和应用知识来解决问题。这种学习方式不仅有助于学生深入理解和掌握哲学知识,还能培养他们的创新思维和解决问题的能力。

PBL 还强调情境的重要性。在儿童哲学课程中,教师可以通过创设与学生生活经验紧密相关的问题情境,引导学生进入哲学思考。这种情境化的教学方式有助于学生将抽象的哲学概念与具体的生活实践相结合,提高他们的学习兴趣和参与度。

以问题为导向的教学方法在儿童哲学课程中具有深厚的理论基础和重要的应用价值。它不仅能够激发学生的学习兴趣和主动性,还能培养他们的批判性思维、创新性思维和解决问题的能力,从而为他们的全面发展奠定坚实的基础。

(二) 以问题为导向的教学方法的具体实施

在儿童哲学课程中,以问题为导向的教学方法能够通过引导学生主动思考和探索,培养他们的哲学思维和问题解决能力。以下将详细介绍如何实施这一教学方法,包括问题的选择和提问技巧等方面。

问题的选择是至关重要的。教师需要精心挑选能够激发学生兴趣、引导他们深入思考的问题。这些问题应该具有开放性,能够允许学生从多个

角度进行思考和探讨。同时,问题的难度也要适中,既要挑战学生的思维能力,又不能过于超出他们的理解范围。

在选择问题时,教师可以结合儿童哲学课程的教学内容和目标,从学生的实际生活出发,选取与他们息息相关的话题。例如,可以围绕"友谊""公正""自由"等主题,设计一系列引人深思的问题,如"什么是真正的友谊?""公正是否总是意味着平等?""自由有没有界限?"等。

提问技巧也是实施以问题为导向的教学方法的关键。教师需要掌握有效的提问方式,以激发学生的思考欲望和探究精神。在提问时,教师可以采用启发式提问的方法,通过逐步引导、层层深入的方式,帮助学生打开思路,发现问题的本质。同时,教师还要注重提问的时机和节奏,确保问题能够在恰当的时候提出,给予学生足够的思考时间和空间。

教师还可以鼓励学生自主提问和相互提问。通过培养学生的问题意识,让他们在学习过程中主动发现问题、提出问题,并尝试寻找问题的答案。这种自主提问的方式不仅能够增强学生的主动性和参与感,还能够促进他们之间的合作与交流,共同推动课堂讨论的深入进行。

在实施以问题为导向的教学方法时,教师还需要注意以下几点:一是要保持对学生的关注和引导,确保他们的思考方向不偏离主题;二是要给予学生积极的反馈和鼓励,增强他们的学习信心和动力;三是要灵活调整教学策略,根据学生的学习情况和课堂反应及时调整问题的难度和提问方式。

通过精心选择问题和掌握有效的提问技巧,教师可以在儿童哲学课程中成功实施以问题为导向的教学方法。这种方法不仅能够激发学生的学习兴趣和探究欲望,还能够培养他们的哲学思维和问题解决能力,为他们的全面发展奠定坚实的基础。

(三)以问题为导向的教学方法的效果评估

在探讨以问题为导向的教学方法在儿童哲学课程中的实践效果时,我们需从多个维度进行深入分析,以全面评估其对学生思维能力发展的影响。

我们观察到,通过以问题为导向的教学方法,学生在哲学课程中的参与度得到了显著提升。当教师抛出具有启发性和探究性的问题时,学生们往往能够表现出浓厚的兴趣,积极参与讨论,提出自己的观点和见解。这种参与度的提升,不仅增强了学生的学习动力,也为他们提供了更多锻炼思维能力的机会。

以问题为导向的教学方法在促进学生批判性思维的发展方面表现出色。通过引导学生对哲学问题进行深入剖析,鼓励他们从不同角度审视问题,学生们逐渐学会了如何独立思考、如何辩证地看待事物。这种批判性思维的培养,对于学生未来的学习和生活都具有重要意义。

我们还发现,以问题为导向的教学方法有助于提升学生的创新思维能力。在解决问题的过程中,学生们需要发挥想象力,寻找新的视角和解决方案。这种对创新思维的不断追求和实践,使得学生们在面对复杂问题时能够更加灵活多变,更具创造性。

为了更客观地评估以问题为导向的教学方法的效果,我们还采用了定量分析方法。通过对比实验组和对照组学生的思维能力测试成绩,我们发现实验组学生的思维能力水平在整体上有了显著提高。这一结果进一步证实了以问题为导向的教学方法在儿童哲学课程中的实践价值。

以问题为导向的教学方法在儿童哲学课程中展现出了显著的实践效果,对学生的思维能力发展产生了积极影响。未来,我们将继续探索和完善这一教学方法,以期在培养儿童哲学素养和思维能力方面取得更多成果。

本研究通过引入优势视角教学评价、图像化思维及多种思维工具的创新应用,结合以问题为导向的教学方法,在儿童哲学课程中取得了显著的教学成果。这些方法不仅有效提升了学生的学习兴趣和参与度,还显著促进了他们逻辑思维、批判性思维及创新能力的发展。未来,随着教育技术的不断进步和儿童认知发展研究的深入,我们有理由相信,儿童哲学课程的教学方法将会更加多样化和个性化,为学生的全面发展提供更加有力的支撑。

参考文献

[1] 杨落娃,于伟.英国儿童哲学课程的发展及其现实启示[J].外国教育研究. 2019(5):3-15.

[2] 王羽茜.探究团体在幼儿园大班儿童哲学课程中运用的行动研究[D].长春:长春师范大学,2021.

[3] 王嘉钰.基于绘本的幼儿园"儿童哲学"课程实施策略[J].科教文汇,2021(1):164-165.

[4] 张荣全.小学低段儿童哲学教学实践研究[J].安徽教育科研,2021(13):119-120.

[5] 曹长青,李杰.儿童哲学校本课程教学模型建构[J].中学课程辅导(教学研究),2020(26):114-115.

[6] 骆明丹,汤广全,郭思宁.儿童哲学课程本土化:问题及策略[J].课程教学研究,2017(8):34-37.

[7] 富士英.儿童哲学课程对于儿童心理发展的促进作用[J].大众心理学,2024(1):40-42.

家校共育视角下的儿童哲学教育实践与策略

摘要：本研究深入探讨了儿童哲学对学生思维能力发展的积极作用及其在教育实践中的应用。通过系统分析儿童哲学的理论基础和实践案例，研究发现儿童哲学在促进学生批判性思维、创造性思维及解决问题能力方面具有显著成效。儿童哲学在国家课程和校本课程中的应用，不仅丰富了教学内容，还显著提升了学生的学习兴趣和课堂参与度。课堂教学中，通过追问、辩论等创新教学方法，有效激发了学生的思维活力，促进了其独立思考和深度理解。此外，家庭教育中儿童哲学的延伸，也为家长提供了培养孩子思维能力的新途径。研究还指出，家校共育策略对于推广儿童哲学教育、形成教育合力至关重要。基于上述结论，本研究提出了加强儿童哲学研究、提高社会认知度、加强教师培训、制定针对性教育策略及加强家校合作等具体建议，以期为教育改革和学生全面发展提供有力支持。

关键词：儿童哲学　思维能力　教育实践　批判性思维　创造性思维　家校共育

一、概况

1. 研究背景与意义

随着全球教育改革的不断深化，如何更有效地提升学生的思维能力已经引起了教育界的广泛关注。在众多新兴教育方式中，儿童哲学以其独特的魅力逐渐受到教育工作者的青睐。它通过引导学生深入探讨哲学问题，不仅锻炼了他们的批判性思维和创造性思维，还为现代教育体系注入了新的活力和提供新的视角。

在当今社会,知识更新迅速,信息的获取和筛选能力尤为重要。传统的填鸭式教学已经无法满足现代社会对人才的需求。因此,教育改革势在必行,而儿童哲学正是在这样的背景下应运而生。它鼓励学生自由提问、独立思考,培养他们对知识的探索欲望和创新能力。这种教育方式不仅有助于提升学生的综合素质,更为他们未来的职业发展和社会适应打下了坚实基础。

儿童哲学的实践应用,让学生在学习过程中学会了如何发现问题、分析问题并寻求解决问题的途径。这种能力在未来的职场竞争中将具有巨大的优势。同时,儿童哲学也强调团队协作和沟通交流,使学生在探讨哲学问题的过程中,学会了如何与他人有效合作,共同解决问题。

国内外不少学者已经对儿童哲学进行了深入研究,并取得了一系列显著成果。这些研究不仅证实了儿童哲学在提升学生思维能力方面的积极作用,还为我们提供了丰富的教育实践经验和案例。本研究将在前人研究的基础上,进一步探讨儿童哲学对学生思维能力发展的具体影响,并尝试分析其在教育实践中的应用成果。

通过深入分析儿童哲学在教育领域的应用实例,我们可以发现其在促进学生全面发展方面的巨大潜力。它不仅有助于提高学生的思维品质,还能培养他们的团队协作能力和社会责任感。因此,本研究具有重要的理论和实践意义,旨在为教育改革提供参考,推动教育事业的持续发展。

在全球范围内,越来越多的教育机构开始尝试将儿童哲学纳入课程体系,以期培养学生的批判性思维和问题解决能力。这种趋势反映了教育界对儿童哲学价值的认可,也预示着它将在未来教育领域中扮演更加重要的角色。本研究将通过详细分析儿童哲学对学生思维能力的影响,以及其在不同教育环境中的实际应用,为教育工作者提供有价值的参考信息。

本研究还将关注儿童哲学在不同文化背景下的适用性和实施效果。通过对比不同国家和地区的教育实践，我们可以更深入地了解儿童哲学的普适性和局限性，从而为其在全球范围内的推广和应用提供有力支持。

通过全面探讨儿童哲学对学生思维能力发展的积极作用，并分析其在教育实践中的具体应用，我们期望能够为教育改革提供有益的启示和建议，推动学生全面发展，培养更多具备批判性思维、创造性思维和团队协作能力的未来人才。

2. 国内外研究现状

儿童哲学的研究和实践在全球范围内均有深入的发展。国外对于儿童哲学的研究起步较早，已经构建了相对成熟的理论框架和实践模式。例如，李普曼的 P4C 课程和马修斯与儿童的对话，都是 P4C 的重要实践形式，它们通过引导儿童思考和讨论哲学问题，有效地促进了儿童思维能力的发展。这些实践经验表明，儿童哲学教育不仅有助于提升学生的逻辑思维能力，还能提高他们的读写和表达能力，以及创新意识和创新能力。

国内对于儿童哲学的研究也逐渐兴起，尽管仍处于探索阶段，但已经取得了一些显著的成果。例如，东北师范大学附属小学尝试在所有学科中融入"儿童问、儿童思、儿童学"的教学理念，以期通过多学科渗透的方式，开辟儿童哲学教育的新路径。此外，还有研究将儿童哲学与小学语文教学相结合，通过阅读教学、课堂教学以及实践活动等方式，培养学生的哲学思维能力。

不仅如此，家庭阅读环境也被视为培养儿童哲学思维能力的重要场所。在家庭阅读中，通过引导儿童体验哲学思考的乐趣，可以激发他们的独立思考能力，进而促进其哲学思维的发展。这些实践和研究都表明，儿童哲学教育在国内正逐渐得到重视和推广。

国内外对于儿童哲学的研究都在不断深入，其实践形式也日益多样化。这些研究和实践不仅为我们提供了丰富的理论支撑，也为我们在教育实践中更好地运用儿童哲学提供了参考。未来，随着研究的进一步深入和实践的不断创新,儿童哲学有望在教育领域发挥更大的作用,为培养具有批判性思维和创新能力的优秀人才做出更大的贡献。

3. 研究方法与创新点

在探讨儿童哲学对学生思维能力发展的影响及其教育实践时,本研究采用了多种研究方法,并结合实际案例进行深入分析。通过文献综述,我们系统梳理了国内外关于儿童哲学教育的研究现状,了解其理论基础、实践模式以及所面临的挑战。问卷调查和访谈帮助我们直接从教育者和学生那里收集第一手资料,了解儿童哲学在实际教育环境中的应用情况,以及它对学生思维能力发展的影响。案例分析法使我们能够具体地观察儿童哲学在不同教育场景下的实施效果,从而为其推广和应用提供实践依据。

本研究的创新点主要体现在结合我国教育实际,提出具有针对性的儿童哲学教育策略和建议。通过深入分析儿童哲学与学生思维能力发展之间的关系,我们发现儿童哲学不仅有助于发展学生的批判性思维和创造性思维,还能培养他们的同理心和团队合作能力。基于这些发现,我们提出了一系列切实可行的教育策略,旨在将儿童哲学更好地融入日常教学活动中,从而更有效地促进学生的全面发展。

在具体的研究过程中,我们参考了诸多相关文献,这些文献为我们提供了宝贵的理论和实践依据。例如,有的文献中详细探讨了儿童哲学在小学语文课堂中的渗透方式及策略,这为我们将儿童哲学与具体学科教学相结合提供了参考。同时,有的文献则从更宏观的角度论述了儿童哲学对学生思考能力培养的重要性,进一步坚定了我们进行此项研究的信心。而有的文献则通过具体的实践案例,展示了儿童哲学在激活学生思维方面的显著效果,这为我们提供了有力的实证支持。

通过综合运用这些研究方法,并结合前人的研究成果,我们期望能够更全面地揭示儿童哲学对学生思维能力发展的积极作用,同时提出符合我国教育现状的儿童哲学教育策略和建议。这不仅有助于推动儿童哲学在教育实践中的更广泛应用,也为我国教育改革提供了新的思路和方向。

二、儿童哲学理论基础

1. 儿童哲学的起源与发展

儿童哲学的起源可以追溯到 20 世纪 60 年代的美国。当时,教育家马修·李普曼在其著作中首次提出了"儿童哲学"这一概念,旨在通过哲学探讨的方式,来培养儿童的思维能力。他认为,哲学不仅适合成人,同样也能为儿童提供一种思考世界和自己的新视角。

自那时起,儿童哲学开始在全球范围内逐渐兴起和发展。从最初的美国,到欧洲,再到亚洲,越来越多的教育工作者开始认识到儿童哲学在教育领域的重要价值。他们发现,通过引导儿童思考哲学问题,不仅能够锻炼儿童的思维能力,还能帮助他们建立更加全面和深入的世界观、人生观和价值观。

随着全球教育改革的推进,儿童哲学逐渐发展成为一种重要的教育理念和方法。它不再仅仅是一种教学手段,更成为了一种教育理念,强调在教育过程中应该尊重儿童的主体地位,鼓励他们自由思考和表达自己的观点。这种教育理念在全球范围内得到了广泛的认可和实践。

在中国,儿童哲学的引进和发展也取得了显著的成果。越来越多的学校和教育机构开始尝试将儿童哲学融入日常教学中,以此来培养学生的批判性思维、创造性思维以及解决问题的能力。这些实践不仅丰富了教学内容,还提高了学生的学习兴趣和积极性。

儿童哲学的发展也面临着一些挑战和问题。例如,如何有效地将哲学问题与儿童的生活实际相结合,如何引导儿童进行深入的思考和讨论,以及如何提高教师的哲学素养和教学能力等。这些问题需要我们在实践中不断探索和解决。

儿童哲学的起源和发展历程充分展示了其在教育领域的重要价值和意

义。它不仅为学生提供了一种全新的思考方式,还为教育改革提供了新的思路和方法。我们有理由相信,在未来的教育实践中,儿童哲学将会发挥更加重要的作用。

儿童哲学的教育理念也强调了对学生独立思考能力的培养。在传统的教育模式中,学生往往只是被动地接受知识,而在儿童哲学的教育理念下,学生被鼓励去主动思考和探索问题,这不仅有助于培养他们的创新能力和批判性思维,还能提升他们的自主学习能力和问题解决能力。因此,儿童哲学不仅对学生的个人成长具有重要意义,也对整个社会的创新和进步具有深远的影响。

2. 儿童哲学的核心理论

儿童哲学不仅关注儿童的思维能力培养,还深入探讨了儿童如何理解世界、构建知识体系的问题。在这一领域中,多位学者提出了各自的理论观点,为儿童哲学的实践提供了坚实的理论基础。

马修斯是儿童哲学领域的重要人物,他提出了儿童哲学的独特观点。马修斯认为,儿童天生就具有哲学思考能力,他们能够对生活中的现象提出深刻的问题,并尝试寻找答案。这种哲学的探索精神是儿童认识世界的重要方式。在他的理论中,儿童被看作是积极的、富有创造性的思考者,而非被动的接受者。他鼓励教育者倾听儿童的观点,尊重他们的思考过程,并通过哲学讨论的方式引导他们深化对世界的理解。

除了马修斯,还有其他学者也为儿童哲学理论做出了贡献。例如,有学者认为儿童哲学应该注重培养儿童的批判性思维。这种思维方式能够帮助儿童分析、评估并判断信息的真实性和价值,从而使他们更加明智地应对生活中的挑战。为了实现这一目标,教育者需要设计具有挑战性的问题,激发儿童的好奇心,引导他们进行深入的哲学探讨。

在实践中,儿童哲学的核心理论指导着教育者有效地开展教学活动。例如,通过组织哲学讨论会,让学生围绕某个主题展开深入的讨论。在这个过程中,教育者需要扮演引导者的角色,鼓励学生发表自己的观点,并尊重他们的不同意见。同时,教育者还需要通过提问的方式激发学生的思考,帮助他们建立起对世界的独立见解。

儿童哲学的核心理论还强调了教育环境的重要性。一个开放、包容、鼓励探索的教育环境能够激发学生的哲学思考,让他们在自由的环境中探索世界、发现问题并寻找答案。这种环境不仅能够培养学生的思维能力,还能够提升他们的创造力和批判性意识,为他们的未来发展打下坚实的基础。

儿童哲学的核心理论为教育实践提供了有力的指导。通过倾听儿童的观点、引导他们进行深入的哲学探讨、创造开放包容的教育环境等方式,教育者可以有效地培养学生的思维能力,帮助他们在认识世界的过程中不断成长和进步。这些理论观点不仅丰富了我们对儿童哲学的理解,还为教育实践提供了宝贵的启示和指导意义。

3. 儿童哲学与思维发展

儿童哲学,通过其独特的探讨方式,显著地影响着儿童的思维能力发展。它通过引导学生深入探讨哲学问题,不仅激发了他们的思维活力,更在无形中锻炼了他们的批判性思维和创造性思维。

在探讨儿童哲学如何促进学生的思维能力之前,我们首先需要理解批判性思维和创造性思维的重要性。批判性思维使学生能够独立思考,不盲目接受信息,而是学会分析和评估。创造性思维则鼓励学生跳出固有框架,寻找新的可能性和解决方案。这两种思维能力在现代社会中尤为重要,是创新和进步的基石。

儿童哲学正是通过其特有的教育方式,为学生的这两种思维能力的发展提供了有力的支持。在儿童哲学的课堂上,学生被鼓励提出自己的观点,并通过讨论和辩论来验证这些观点。这种过程不仅锻炼了学生的语言表达能力,更重要的是,它培养了学生的逻辑思考能力和批判性思维能力。学生需要学会如何合理地构建自己的论点,如何有效地反驳他人的观点,这都需要他们进行深入的思考和分析。

儿童哲学也强调创造性思维的培养。通过引导学生探讨哲学问题，儿童哲学鼓励学生从不同的角度去看待问题，寻找新的解决方案。这种教育方式不仅激发了学生的想象力，也让他们学会了如何跳出固有框架去思考，从而培养了他们的创造性思维。

儿童哲学通过其独特的教育方式，显著地促进了学生的批判性思维和创造性思维的发展。这两种思维能力的发展，不仅对学生的个人成长有着重要的影响，也对社会的进步和创新有着深远的意义。因此，我们应该重视儿童哲学在教育中的地位，充分发挥其在学生思维能力培养中的重要作用。

儿童哲学并不是一种孤立的教育方式，它需要与其他教育方式相结合，共同促进学生的全面发展。例如，在数学、科学等科目中，也可以融入儿童哲学的教育理念，引导学生在探究知识的过程中，同时锻炼他们的思维能力。

儿童哲学的实施也需要教师具备相应的专业素养和教育技能。教师需要能够引导学生进行有效的讨论和辩论，激发他们的思维活力，同时也需要能够合理地评价学生的表现，给予他们及时的反馈和指导。

儿童哲学在学生的思维能力发展中起着举足轻重的作用。它通过培养学生的批判性思维和创造性思维，为他们的个人成长和社会进步奠定了坚实的基础。因此，我们应该在教育实践中充分利用儿童哲学的优势，为学生的全面发展创造更好的条件。

三、儿童哲学在课程建设中的应用

1. 在国家课程中的应用

在国家课程中，儿童哲学的应用具有广泛的前景和深远的意义。语文、道德与法治等课程作为学校教育的核心课程，是培养学生综合素质的重要途径。将儿童哲学融入这些课程，不仅可以丰富教学内容，提升教学质量，还能有效促进学生的思维能力发展。

在语文课程中,儿童哲学的引入能够帮助学生更深入地理解文本,激发他们的阅读兴趣和思考欲望。例如,在阅读经典文学作品时,教师可以通过引导学生探讨作品中的角色行为、道德选择和价值取向等哲学问题,使学生不仅理解故事情节,还能对作品中蕴含的深层次意义有所领悟。这种教学方式不仅能够提升学生的阅读理解能力,还能培养他们的批判性思维和道德判断能力。

道德与法治课程是培养学生道德品质和法治意识的重要阵地。在这门课程中,儿童哲学的应用同样具有显著效果。教师可以通过引导学生探讨道德困境、法律案例等问题,帮助他们建立正确的道德观念和法治意识。这种教学方式不仅能够增强学生的道德认知和法律素养,还能培养他们的逻辑思维和辩证思维能力。

在实施过程中,教师需要具备儿童哲学的相关知识和教学技能,以便将哲学探讨与课程内容结合,引导学生进行深入思考。同时,教师还需要根据学生的年龄特点和认知水平,合理设计教学方案和探讨问题,确保教学效果的最大化。

学校和教育部门也应加强对儿童哲学教育的支持和推广,为教师提供相关培训和教学资源,推动儿童哲学在课程建设中的广泛应用。这不仅有助于提升学生的思维能力和综合素质,还能为培养具有创新精神和实践能力的新时代人才奠定坚实基础。

总体而言,儿童哲学在国家课程中的应用是一种创新且富有成效的教学方式。它通过引导学生探讨哲学问题,深化学生对课程内容的理解和认识,提高教学效果和学生的学习兴趣。同时,这种教学方式还能有效促进学生的思维能力发展,培养他们的批判性思维、创造性思维等关键能力,为他们的全面发展奠定坚实基础。在未来的教育实践中,我们应积极探索儿童哲学与课程建设的深度融合,为学生的成长和发展创造更多可能性。

2. 校本课程中的儿童哲学

校本课程是学校教育的重要组成部分,它允许学校根据自身特色和学生需求进行灵活的课程设计。将儿童哲学理念融入校本课程,不仅可以丰富课程内容,还能有效提升学生的思维能力,形成学校独特的教育方法。

在校本课程中融入儿童哲学,首先需要深入了解学校的文化背景、教育资源和学生的实际需求。通过综合考虑这些因素,可以确保校本课程既符合教育目标,又能满足学生的个性化发展需求。

设计儿童哲学校本课程时,应注重问题的选择和探讨方式的创新。课程可以围绕一系列哲学主题展开,如正义、自由、责任等,通过引导学生对这些主题进行深入探讨,激发他们的思维活力,提高他们的批判性思维能力。同时,课程应采用多样化的教学方式,如小组讨论、角色扮演、案例分析等,以提高学生的参与度和增强学习效果。

实施儿童哲学校本课程时,教师应扮演引导者和促进者的角色,鼓励学生自由发表观点,尊重他们的多元思考。此外,教师还应关注学生的学习过程,及时给予反馈和指导,帮助他们更好地理解和掌握哲学知识。

为了评估儿童哲学校本课程的效果,可以采用多种评价方式,如学生的参与度、课堂表现、作业质量等。通过定期评价,可以及时了解学生的学习情况,并针对存在的问题进行调整和改进。

将儿童哲学理念融入校本课程,有助于培养学生的批判性思维、创造性思维和解决问题的能力。通过精心设计和有效实施,儿童哲学校本课程将成为学校教育的一大亮点,为学生的全面发展提供有力支持。同时,这也将为学校的教育品牌建设增添独特的魅力,使其在激烈的教育竞争中脱颖而出。在未来的教育实践中,我们应继续探索和完善儿童哲学校本课程的设计与实施策略,以更好地服务于学生的成长和发展。

3. 课程实施的策略与建议

在实施儿童哲学课程时,教育实践者应关注以下几个关键策略与建议,以确保课程的顺利进行并达到预期效果。

要确立明确的教学目标。儿童哲学课程的目标应聚焦于培养学生的批判性思维、创造性思维和解决问题的能力。在制定教学目标时,教师应充分考虑学生的年龄特点和认知水平,确保目标既具有挑战性又可实现。

选择合适的教学内容和方法至关重要。教师可以结合教材内容,选取与学生生活密切相关的哲学问题作为探讨主题。同时,采用多样化的教学方法,如小组讨论、角色扮演、案例分析等,以激发学生的学习兴趣和提升参与度。在此过程中,教师应注重引导学生自主思考,鼓励他们提出自己的观点并尊重他人的不同意见。

营造良好的课堂氛围对于儿童哲学课程的实施至关重要。教师应努力创造一个开放、民主、平等的课堂环境,让学生感受到安全和尊重。在这样的氛围中,学生更愿意表达自己的想法,参与课堂讨论,从而形成积极的互动和合作。

课程评价也是不可忽视的一环。教师应设计多元化的评价方式,包括自我评价、同伴评价和教师评价等,以全面了解学生的学习情况和进步情况。评价过程中,教师应注重学生的过程和表现,而非仅仅关注结果,从而激发学生的学习兴趣和动力。

教师应不断反思和改进自己的教学实践。通过定期回顾课程实施过程,总结经验教训,教师可以不断优化教学策略,提高教学效果。同时,教师还应积极参与相关培训和研讨活动,与同行交流经验,拓宽视野,以更好地推动儿童哲学课程的发展。

在实施儿童哲学课程时,除了关注课堂教学本身,还应注重与家长的沟通和合作。家长是学生学习的重要伙伴,他们的支持和理解对于课程的顺利实施具有重要意义。因此,教师可以通过家长会、家访等方式,与家长分享儿童哲学的教育理念和实践成果,引导他们参与到孩子的学习过程中来。

学校层面的支持也是推动儿童哲学课程实施的关键因素。学校应制定相关制度，为儿童哲学课程的开展提供必要的资源和条件保障。例如，设立专门的儿童哲学教研室或工作坊，鼓励教师之间进行跨学科合作与交流；提供丰富的教学材料和教具，以满足不同年龄段学生的学习需求；定期组织校内外的儿童哲学竞赛或展示活动，以激发学生的学习热情和创造力。

有效实施儿童哲学课程需要教师在教学目标、内容方法、课堂氛围、课程评价以及教学反思等方面进行全面考虑和精心设计。同时，家长和学校的支持与配合也是不可或缺的。通过共同努力，我们可以让儿童哲学在教育实践中发挥更大的作用，为学生的全面发展奠定坚实基础。

四、儿童哲学在课堂教学中的实践

1. 教学方法的创新

在探讨儿童哲学在课堂教学中的实践时，教学方法的创新显得尤为重要。传统的教学方式往往侧重于知识的灌输，而忽视了学生的思维能力和批判精神的培养。基于儿童哲学的课堂教学则致力于打破这一桎梏，通过引入追问、辩论等教学方法，激发学生的思维活力，培养他们的独立思考和问题解决能力。

追问是一种有效的儿童哲学教学方法，它鼓励学生对问题进行深入的思考和探究。在课堂教学中，教师可以通过追问的方式，引导学生对某一哲学问题或观点进行层层深入的分析。这种教学方法不仅能够帮助学生形成系统的思维框架，还能够培养他们的逻辑思维和批判性思维。例如，在讨论"友谊"这一主题时，教师可以追问学生"什么是友谊？""友谊有哪些特点？""如何维系一段友谊？"等问题，引导学生逐步深入思考，形成对友谊全面而深刻的理解。

辩论则是另一种富有挑战性的儿童哲学教学方法。通过组织学生对某一哲学问题进行辩论，可以锻炼他们的口头表达能力、逻辑思维和辩证思维。在辩论过程中，学生需要学会如何提出有力的论点、如何反驳对方的观点、如何运用逻辑推理来支持自己的立场。这种教学方法不仅能够提升学生的思维能力,还能够培养他们的团队协作意识和竞争意识。例如,教师可以组织学生对"是否应该禁止动物实验"这一问题进行辩论,让他们在辩论中学会权衡利弊、理性思考。

除了追问和辩论,基于儿童哲学的课堂教学还可以尝试其他创新性的教学方法,如角色扮演、情景模拟等。这些教学方法都能够为学生提供更加真实、生动的学习体验,帮助他们在实践中深化对哲学问题的理解。同时,教师也应该根据学生的年龄特点和认知水平,灵活选择合适的教学方法,确保教学的针对性和实效性。

在实施这些创新性的教学方法时,教师需要注意以下几点。首先,要确保学生对所探讨的哲学问题有足够的背景知识储备和理解,避免出现因知识储备不足而导致的讨论障碍;其次,要营造积极、开放的课堂氛围,鼓励学生大胆发表自己的观点和见解,培养他们的自信心和表达能力;最后,教师要及时对学生的观点和见解进行反馈和引导,帮助他们形成正确的价值观和世界观。

基于儿童哲学的课堂教学需要不断创新教学方法和技巧,通过引入追问、辩论等富有挑战性的教学方法,激发学生的思维活力,培养他们的独立思考和问题解决能力。这不仅能够提升学生的思维能力,还能够为他们的全面发展奠定坚实的基础。

2. 教学效果的评估

在评估儿童哲学在课堂教学中的应用效果时,我们需要综合考虑多个维度,包括学生的思维能力、学习兴趣以及课堂参与度等。学生这些能力的提升不仅反映了儿童哲学教学方法的有效性,也为教育实践提供了宝贵的反馈和指导。

学生思维能力的提升是评估儿童哲学教学效果的关键指标。通过对比实施儿童哲学教学前后的学生思维能力测试成绩,我们可以量化地分析出学生在批判性思维、逻辑思维、创造性思维等方面的进步。这种进步不仅体现在学生对哲学问题的深入理解和探讨上，更表现在他们日常生活中解决问题的能力提升上。

学习兴趣的变化也是衡量儿童哲学教学效果的重要因素。通过观察学生对课堂内容的投入程度、课后自主学习的意愿以及他们与同学、教师之间的交流互动，我们可以感受到学生对哲学的热爱和对学习的渴望。这种兴趣的提升不仅有助于学生在当前阶段的学习，更为他们未来的学术探索和职业选择提供了更多的可能性。

课堂参与度的提高也是儿童哲学教学效果的直观体现。在儿童哲学课堂中，学生被鼓励积极参与讨论、发表观点，这种教学方式极大地激发了学生的主动性和创造性。通过观察学生在课堂上的表现，我们可以明显感受到他们更加自信、敢于表达，这种积极的变化无疑为培养学生的综合素质奠定了坚实的基础。

为了科学、全面地评估儿童哲学的教学效果，我们还可以采用问卷调查、访谈等多种研究方法，收集学生、家长、教师等多方面的反馈意见。通过这些数据的整理和分析，我们可以更深入地了解儿童哲学在教学实践中的优势与不足，为进一步优化教学方法和提高教学效果提供有力的支持。

评估儿童哲学在课堂教学中的应用效果是一个多维度、全方位的过程。通过对学生思维能力、学习兴趣和课堂参与度的综合考量，我们可以得出儿童哲学在教学实践中的积极作用，并为今后的教育改革提供参考。

3. **教学案例分享**

在探讨儿童哲学在课堂教学中的实践时，具体的教学案例能为我们提供生动的实证。本研究将分享几个在不同学科和年级中应用儿童哲学的案例，旨在揭示其对学生思维能力发展的积极影响。

在小学高年级的语文课堂中，教师通过引入儿童哲学的方法，引导学生对经典文学作品进行深入的解读和讨论。以《安徒生童话》中的《丑小鸭》为例,教师不仅讲述故事情节,还鼓励学生从不同角度思考丑小鸭的成长经历。学生们分组讨论,设想如果自己就是那只丑小鸭,会如何面对困境,如何看待自己的变化。这样的教学方式激发了学生的同理心,培养了他们的批判性思维,同时也加深了他们对文学作品的理解。

在初中道德与法治课程中,教师通过儿童哲学的方法,让学生探讨道德困境。例如,在讨论"诚实"这一主题时,教师设计了一个情境:如果你在考试中作弊被发现了,但老师给了你一次机会,让你自己决定是否要坦白。学生们围绕这个情境展开了激烈的讨论,分析了坦白与隐瞒的利弊,最终形成了各自的观点。这样的教学方式帮助学生明确了自己的道德底线,提升了他们的道德判断能力。

这些案例充分展示了儿童哲学在不同学科和年级中的广泛应用价值。通过引入儿童哲学的方法,教师能够引导学生深入思考、主动探究,从而提升他们的思维能力、道德素养等。这也进一步证明了儿童哲学在教育实践中的重要性和有效性。希望这些案例能够为广大教育实践者提供参考,进一步推动儿童哲学的深入发展与应用。

五、儿童哲学在家庭教育中的延伸

1. 家长对儿童哲学的认知与态度

家长作为孩子成长过程中的重要陪伴者和教育者,他们对于儿童哲学的认知与态度至关重要。家长的认知深度和态度积极程度,不仅关乎儿童哲学在家庭教育中的融入程度,更影响着孩子思维能力的培养和发展程度。

为了深入了解家长对儿童哲学的看法,本研究设计了一系列访谈问题,旨在探究家长对于儿童哲学的理解、接受程度以及将其运用于家庭教育中的意愿。在访谈过程中,我们发现家长对于儿童哲学的认知存在显著差异。一部分家长对儿童哲学教育持积极态度,他们认为通过哲学问题的探讨,能够激发孩子的思考能力和创新精神,培养孩子的逻辑思维和批判性思考能力。这些家长倾向于在家庭教育中主动引入哲学元素,与孩子一起进行思考和讨论。

也有一部分家长对儿童哲学持保留态度。他们认为孩子年龄尚小,难以理解深奥的哲学问题,担心过早接触哲学会对孩子造成困扰。此外,还有一些家长表示对儿童哲学不甚了解,无法准确评判其价值和意义。

针对家长的不同认知与态度,本研究认为有必要加强儿童哲学的普及和宣传工作,提高家长对儿童哲学的认识和了解。同时,可以通过开展"家长学校""家长沙龙"等活动,为家长提供更多了解和学习儿童哲学的机会,从而引导他们更好地在家庭教育中运用儿童哲学,促进孩子思维能力的全面发展。

本研究还建议教育工作者在推广儿童哲学时,应注重与家长的沟通与协作,了解他们的需求和困惑,为他们提供个性化的指导和帮助。通过家校合作,共同营造良好的教育环境,让儿童哲学在家庭教育中发挥更大的作用,为孩子的成长和发展注入更多智慧与力量。

2. 家庭教育中的儿童哲学实践

家庭教育是孩子成长的重要一环,而儿童哲学在家庭教育中的实践,能够为孩子提供一个更为广阔、深层次的思维训练空间。家长们通过运用儿童哲学的方法,不仅可以增强与孩子的沟通互动,还能有效促进孩子思维能力、批判意识和情感态度的全面发展。

在家庭教育中,家长可以灵活运用追问的技巧,激发孩子的好奇心和探究欲。例如,在孩子提出问题或表达观点时,家长不是简单地给予答案或评价,而是通过追问引导孩子进一步思考。这样的互动方式,不仅鼓励孩子表达自己的看法,还培养了他们独立思考和解决问题的能力。

家长还可以利用家庭讨论的方式,让孩子参与到家庭决策中来。这种讨论不仅能够提升孩子的口才和表达能力,更重要的是,它让孩子学会了如何权衡利弊、考虑各种可能性,并培养了他们的团队合作和协商能力。在讨论过程中，家长要给予孩子充分的表达机会，尊重他们的观点，引导他们学会倾听和理解他人。

除了追问和讨论，家长还可以通过阅读哲学启蒙读物、观看相关视频等方式，引导孩子接触和理解更广泛的哲学思想。这些活动不仅能够拓宽孩子的视野，还能激发他们的思辨精神和创新意识。

家庭教育中儿童哲学的实践并非一蹴而就，而是需要家长持续的努力和耐心。家长们要时刻保持开放的心态，鼓励孩子提出问题、挑战权威，同时也要给予他们足够的支持和引导。通过这样的教育实践，我们相信，孩子们不仅能够提升思维能力，更能够培养出独立、自信、有责任感的人格特质，为未来的全面发展奠定坚实的基础。

3. 家校共育的策略与建议

在推进儿童哲学教育的过程中，家校共育发挥着至关重要的作用。为了实现家校之间的有效合作，共同促进学生的思维能力发展，本研究提出以下策略与建议。

（1）建立家校共育的沟通机制

学校应定期举办家长座谈会、开放日等活动，邀请家长参与讨论儿童哲学教育的相关议题，增进家长对儿童哲学教育的了解和认同。同时，利用网络平台，如学校官方网站或社交媒体等，定期发布儿童哲学教育的最新动态和成果，让家长及时了解学校的教育进展，从而更好地配合学校的教育工作。

（2）开展家校共育的培训活动

学校可以组织专门的培训活动，向家长传授儿童哲学的基本理念和教育方法。通过培训，家长可以学会如何在家中引导孩子进行哲学思考，培养孩子的批判性思维和创造性思维。此外，学校还可以邀请儿童哲学领域的专家为家长开设讲座或工作坊，提供更为深入和专业的指导。

(3)鼓励家长参与课程开发与实施

学校应鼓励家长积极参与到儿童哲学课程的开发与实施过程中来。家长可以分享自己的经验和见解,为课程内容的丰富和完善提供有价值的建议。同时,家长还可以协助教师进行教学准备工作,如收集教学素材、设计教学活动等,从而提高课程的教学质量和增强教学效果。

(4)构建家校共育的评价体系

为了评估家校共育的效果,学校应建立一套科学的评价体系。该体系应包含对学生思维能力、学习兴趣等方面的定期测评,以及家长和教师之间的互评机制。通过测评结果,学校可以及时了解学生的发展状况和家校共育的成效,为后续的教育工作提供改进方向。同时,家长和教师之间的互评可以促进双方的合作与交流,共同提升教育水平。

通过建立沟通机制、开展培训活动、鼓励家长参与课程开发与实施以及构建评价体系等策略与建议,可以有效地推进家校共育工作,促进儿童哲学教育的发展和学生思维能力的提升。这些策略与建议不仅具有理论价值,更为教育实践提供了有力的支持和指导。

六、结论与展望

1. 研究结论

本研究经过深入分析和探讨,对儿童哲学在学生思维能力发展及教育实践中的作用有了更为全面的认识,并得出以下重要结论。

儿童哲学在促进学生思维能力发展方面表现出显著效果。通过引导学生探讨哲学问题,不仅激发了他们的思维活力,还进一步培养了他们的批判性思维和创造性思维。这一发现为教育实践提供了新的视角,即在日常教学中融入更多哲学元素,以更好地促进学生的全面发展。

研究还发现,在国家课程和校本课程中融入儿童哲学元素,能够显著提升教学效果和激发学生的学习兴趣。这表明,儿童哲学不仅有助于培养学生的思维能力，还能让课堂教学更加生动有趣，从而提高学生的学习积极性。

本研究提出的基于儿童哲学的课堂教学方法和技巧，如追问、辩论等，具有高度的创新性和实用性。这些方法不仅能够帮助学生深入理解课程内容，还能进一步提升他们的思维能力和表达能力，为他们的未来发展奠定坚实基础。

研究还发现，家长在家中运用儿童哲学方法教育孩子，同样有助于培养孩子的思维能力。这一结论为家庭教育提供了新的思路和方法，即家长可以通过与孩子一起探讨哲学问题，激发孩子的思维活力，促进他们的全面发展。

本研究强调加强家校合作在推进儿童哲学教育中的重要性。通过家校共育的方式，可以更好地整合学校和家庭的教育资源，为孩子的全面发展提供更为全面的支持。这一结论为教育实践提供了新的方向，即学校应加强与家长的沟通和合作，共同推进儿童哲学教育的深入发展。

本研究全面揭示了儿童哲学在学生思维能力发展及教育实践中的重要作用。通过深入探讨和实践验证，我们为教育改革提供了有力的理论支撑和实践指导，为推动学生全面发展做出了积极贡献。

2. 展望与建议

儿童哲学无疑将在教育领域扮演更加重要的角色。鉴于其对学生思维能力发展的显著影响，以及在教育实践中的广泛应用前景，我们有理由对儿童哲学的未来发展充满期待。为了更好地推动儿童哲学的发展和应用，本研究提出以下具体建议。

我们需要持续加强对儿童哲学的研究。尽管国内外学者已经在该领域取得了显著的成果，但仍有许多未知的领域值得我们去探索。例如，如何更有效地将儿童哲学与现有课程体系融合，如何根据不同年龄段的学生特点调整儿童哲学的教学策略，这些都是值得我们深入研究的问题。通过不断的研究和实践,我们可以更深入地了解儿童哲学的教育价值,从而为其在教育领域的更广泛应用提供理论支持。

提高社会对儿童哲学的认知度至关重要。许多人对儿童哲学的了解仍然停留在表面,甚至存在误解。因此,我们需要通过各种渠道,如学术会议、研讨会、公众讲座等,加强对儿童哲学的宣传和普及。这不仅可以让更多的人了解儿童哲学的教育价值,还可以为儿童哲学的研究和实践提供更多的资源和支持。

再者,教师培训是推动儿童哲学应用的关键环节。目前,许多教师对儿童哲学的了解和应用仍然有限。因此,我们需要加强对教师的培训,提高他们的专业素养和教学能力。通过定期的培训课程、教学研讨会等活动,我们可以帮助教师更好地理解和掌握儿童哲学的教学理念和方法,使其在教学实践中更有效地运用儿童哲学。

结合我国教育实际和学生特点制定具有针对性的儿童哲学教育策略和建议也是至关重要的。每个国家和地区的教育环境和学生特点都有所不同,因此我们不能简单地照搬国外的经验和做法。我们需要根据我国的教育政策、课程设置以及学生的实际需求,制定符合我国国情的儿童哲学教育策略和建议。这将有助于确保儿童哲学在我国的教育实践中发挥最大的作用。

加强家校合作是推动儿童哲学教育发展的重要途径。家庭是孩子的第一个课堂,家长是孩子的第一任教师。因此,我们需要与家长建立紧密的合作关系,共同推进儿童哲学的教育实践。通过定期的家长会、亲子活动等方式,我们可以向家长普及儿童哲学的教育理念和方法,引导他们在家庭教育中运用儿童哲学来培养孩子的思维能力。同时,我们也可以邀请家长参与到学校的教学活动中来,与教师共同探讨和改进儿童哲学的教学策略和方法。

儿童哲学在教育领域的发展潜力巨大。为了更好地发挥其在学生思维能力培养方面的独特作用,我们需要从研究、宣传、教师培训、策略制定以及家校合作等多个方面入手,共同推动儿童哲学在教育实践中的广泛应用和发展。同时,我们也期待更多的学者和教育实践者能够关注并投入儿童哲学的研究和实践中,共同为教育改革和创新贡献力量。

参考文献

[1] 赖艳梅.小学多学科渗透儿童哲学的教育实践[J].福建基础教育研究,2019(9):7-10.

[2] 冯琴.儿童哲学教育系列(7):亲子阅读与思维促进[J].家庭教育(中小学版)2019(9):40-42.

[3] 陈仕浪.儿童哲学在小学语文课堂的全面渗透研究[J].电脑乐园,2019(10):346.

[4] 谢淑凤.儿童也可以哲学:从儿童哲学谈学生思考能力培养[J].师友月刊,2005(11):69-71.

[5] 陈红.上海市杨浦区六一小学:重构儿童哲学 激活学生思维[J].上海教育 2017(1):100.

上海市三灶学校儿童哲学生命教育实践研究

摘要：本研究聚焦于上海市三灶学校儿童哲学生命教育实践的探索与成效分析，通过系统梳理该校在儿童哲学与生命教育融合方面的创新举措，揭示了其在提升学生综合素养、促进教师专业成长及构建学校特色教育方面的显著成效。三灶学校通过引入全员导师制，为每位学生提供个性化的成长指导，强化了生命教育的实践深度与广度。学校精选哲学绘本、构建特色生命教育课堂及实施家校共育策略，为学生创造了丰富的哲学思考与生命体验机会，显著增强了学生的生命意识与哲学素养。研究还发现，这一教育模式不仅促进了学生对生命本质与价值的深刻认知，还激发了其主动探索与积极表达的热情。同时，教师在此过程中也实现了专业成长与育人能力的提升，为学校的可持续发展奠定了坚实基础。

关键词：上海市三灶学校　儿童哲学　生命教育　全员导师制　教育实践　综合素质

一、引言

1. 研究背景与意义

21世纪科技的飞速发展带来了社会生活的巨大变革，生活节奏的加快也使得人们越来越忽视对生命本身的关注和思考。生命教育，作为一种旨在培养学生全面发展、引导学生树立正确人生观和价值观的教育方式，其重要性在此背景下显得尤为突出。上海市三灶学校，凭借其前瞻性和创新精神，一直在积极探索儿童哲学生命教育的实践路径。

生命教育不仅仅是对学生进行生命知识的传授,更重要的是通过教育引导学生深入思考生命的意义和价值,帮助他们建立健全的人格,培养良好的道德品质,以及增强社会责任感。上海市三灶学校在这方面的实践,正是对这一教育理念的积极践行。该校通过儿童哲学生命教育,旨在让学生从小就能理解生命的尊严和价值,学会尊重生命、珍惜生命,进而培养他们的人文关怀和社会责任感。

分析上海市三灶学校儿童哲学生命教育的实践情况,我们不仅可以了解其教育模式的具体实施和效果,还可以探讨其可能存在的问题与不足。通过深入研究,我们可以为其他同类学校提供借鉴,推动生命教育在我国更为广泛地普及和实施。

生命教育在当今教育体系中占据着越来越重要的地位,它关乎每一个学生的成长和未来,也关乎整个社会的道德风貌。上海市三灶学校的实践,无疑为我们提供了一个宝贵的案例,值得我们深入研究和借鉴。通过对该校生命教育实践的研究,我们可以更加清晰地认识到生命教育的意义和价值,进而推动我国教育事业的全面发展。

随着社会的发展和变迁,青少年面临着越来越多的心理压力和困惑。生命教育不仅有助于他们理解生命的意义和价值,更能帮助他们建立正确的人生观和价值观,从而更好地应对生活中的挑战和困难。因此,对上海市三灶学校儿童哲学生命教育实践的研究,不仅具有重要的学术价值,更具有深远的现实意义。

生命教育还是一种全人教育,它关注学生的身体、心理、精神等各个层面的发展。上海市三灶学校的实践正是基于这样的教育理念,通过丰富多彩的教育活动和课程设置,让学生在体验中感悟生命的美好与珍贵,从而更加珍惜和热爱生命。这种教育方式不仅有助于学生的全面发展,更能为社会的进步与和谐做出贡献。

上海市三灶学校儿童哲学生命教育实践的研究具有重要的理论价值和

实践意义。它不仅为我们提供了一个深入了解生命教育实践的窗口,更为我们指明了未来教育发展的方向和目标。我们有理由相信,在生命教育的引领下,我们的教育事业将迎来更加美好的明天。

2. 儿童哲学与生命教育的关联

儿童哲学与生命教育之间的联系紧密,两者相辅相成,共同促进学生的全面发展。儿童哲学,作为一种以学生为中心的教育模式,它通过引导学生进行深入的对话和讨论,鼓励他们思考哲学问题,从而培养他们的思辨能力和批判性思维。这种教育模式的核心在于尊重学生的主体地位,激发他们的好奇心和探索欲,让他们在思考的过程中发现自我价值,理解生活的意义。

生命教育,则更侧重于关注人的生命本质和价值,它致力于培养学生的生命意识、生命情感和生命能力。生命教育的目标是帮助学生理解生命的宝贵,学会珍惜生命,尊重生命,同时培养他们的社会责任感。在这个过程中,学生不仅需要认识到自我生命的价值,还需要学会关注他人的生命,理解并敬畏生命。

当儿童哲学与生命教育相结合时,它们的互补性就显现出来。儿童哲学通过引导学生进行哲学思考,可以帮助他们更深入地理解生命教育的核心理念。同时,生命教育的实践也为儿童哲学提供了丰富的素材和实例,使得哲学思考更加贴近学生的生活,更具实际意义。

这种结合不仅能够丰富生命教育的内涵和形式,使其更加生动有趣,更能有效提升学生的综合素质。通过儿童哲学的引导,学生可以学会独立思考,形成自己的价值观和人生观。而通过生命教育的实践,他们可以学会珍惜生命,尊重他人,培养社会责任感。两者的结合,无疑将为学生的全面发展提供有力的支持。

在实际的教育实践中,教师可以通过设计富有哲学意味的生命教育课程,引导学生进行深入的思考和讨论。例如,可以组织学生对"生命的价值是什么?""我们应该如何对待不同的生命?"等问题进行探讨,让他们在思考的过程中理解生命的宝贵,学会尊重生命,珍惜生命。同时,也可以通过儿童哲学的思考方式,引导学生对生命教育中的实际问题进行反思,从而提升他们的思维能力和解决问题的能力。

儿童哲学与生命教育的关联不仅体现在理论层面,更体现在实践层面。两者相结合,将为学生的全面发展提供有力的支持,帮助他们形成正确的生命观和价值观,提升他们的人文素养和社会责任感。这种教育模式不仅有助于学生的个人成长,更有助于构建一个和谐、尊重生命的社会环境。

3. 研究目的与问题阐述

上海市三灶学校近年来在儿童哲学生命教育领域进行了积极的探索和实践。该校通过引入儿童哲学的教育理念和方法,与生命教育结合,旨在引导学生深入思考生命的意义和价值,培养其全面发展。本文研究的核心目的在于深入剖析上海市三灶学校儿童哲学生命教育的具体实施情况,评估其成效,并识别存在的问题与挑战,进而提出针对性的改进建议。

为实现这一研究目的,本文将围绕以下几个关键问题展开深入探讨。

(1)上海市三灶学校儿童哲学生命教育的实施方式。该校是如何将儿童哲学融入生命教育中的?在实施过程中采用了哪些具体的教学策略和活动形式?

(2)实践效果的评估。上海市三灶学校的儿童哲学生命教育实践是否取得了预期的效果?在学生的认知、情感、态度和行为等方面是否产生了积极的影响?如何科学地评估这些影响,并量化其实践成果?

(3)存在的问题与挑战。在实施儿童哲学生命教育的过程中,上海市三灶学校遇到了哪些问题和挑战?这些问题和挑战的根源是什么?它们对教育实践的效果产生了哪些负面影响?

(4)优化与提升策略。针对识别出的问题和挑战,如何制定有效的改进措施?如何进一步提升儿童哲学生命教育的实践效果,确保其在学生全面发展中发挥更大的作用?

通过对上述问题的深入研究和解答,本文旨在为上海市三灶学校及同类学校在儿童哲学生命教育实践方面提供参考,推动生命教育在我国基础教育领域的深入发展。

在探讨上述问题的过程中,本文将参考国内外相关研究成果,借鉴先进的教育理念和实践经验,以确保研究的科学性和前瞻性。同时,本文也将充分考虑我国基础教育的实际情况,以及上海市三灶学校的具体校情和学情,确保研究结果的针对性和实用性。

二、全员导师制的理论与实践

1. 全员导师制的起源与内涵

全员导师制,这一教育理念起源于国外,它强调了以学生为中心的教育模式,并倡导全体教师的积极参与。在这种教育框架下,每位教师都担负起导师的职责,定向指导一定数量的学生,不仅关注学生的学业成绩,更重视其全面发展,为学生提供个性化的指导和支持。

全员导师制的核心在于"全员"与"导师"两个概念的结合。所谓"全员",即学校中的每一位教师都需要参与到学生的指导中来,形成教育的合力,共同促进学生的成长。而"导师"则意味着教师不仅要是知识的传授者,更要成为学生成长道路上的引路人,肩负起全面关注学生发展的责任。

通过实施全员导师制,学校能够建立起更为紧密的师生关系。在这种制度下,教师有更多的机会深入了解学生,发现他们的潜能和特长,进而提供更为精准的指导。同时,学生也能在教师的关注和支持下,更好地认识自我,规划未来,实现个性化的发展。

全员导师制还有助于营造积极向上的校园氛围。当每一位教师都积极参与到学生的教育中来,学校的教育资源得到了更为充分的利用,学生的教育环境也得到了优化。这种教育模式不仅提升了学生的学习效果,更在无形中塑造了他们的品格和价值观,为他们的未来发展奠定了坚实的基础。

全员导师制作为一种先进的教育理念,其起源与内涵都体现了对学生全面发展的高度重视。通过全体教师的共同参与和精准指导,这一制度有望为学生的健康成长和全面发展提供有力的保障。在未来的教育实践中,全员导师制有望发挥更大的作用,成为推动学生个性化发展和提升教育质量的重要力量。

2. 全员导师制在上海市三灶学校的实施

上海市三灶学校在推行儿童哲学生命教育的过程中,积极引入了全员导师制,并根据学校的实际情况进行了本土化的改造与创新。全员导师制作为一种先进的教育理念,其核心在于构建以学生为中心、全体教师参与的教育模式,致力于促进学生的全面发展和个性化教育。

在上海市三灶学校,全员导师制的实施得到了学校领导和教师们的高度重视。学校制定了详尽的实施方案,明确了导师的职责和工作要求,同时建立了考核机制,确保每位导师都能认真履行自己的职责。这一制度的引入,使得每位教师都承担起导师的角色,负责指导一定数量的学生,不仅关注学生的学业成绩,更注重其道德品质、心理素质和社交能力等方面的培养。

为了确保全员导师制的有效实施,上海市三灶学校还举办了多次导师培训活动。这些培训活动旨在提升教师的导师素养和指导能力,使他们能够更好地理解和执行全员导师制的理念和要求。培训内容涉及学生心理辅导、教育方法创新、家校沟通等多个方面,为教师们提供了宝贵的经验和指导。

学校还定期组织导师之间的经验交流活动。在这些活动中,导师们可以分享各自在指导学生过程中的成功案例和遇到的问题,共同探讨解决方案。这种经验分享不仅促进了导师之间的合作与交流,还为学校不断完善全员导师制提供了参考。

通过实施全员导师制,上海市三灶学校成功地为学生营造了一个更加和谐、个性化的学习环境。导师们的悉心指导和关爱,使得学生们在学业上取得了显著的进步,同时在道德品质、心理素质等方面也得到了全面的提升。

全员导师制在上海市三灶学校的实施并非一帆风顺。在初期阶段,部分教师对这一制度的理解和执行存在偏差,导致导师与学生之间的沟通不畅,指导效果不佳。学校通过及时调整实施方案、加强培训和交流等措施,逐渐克服了这些困难,使得全员导师制得以顺利推行。

全员导师制在上海市三灶学校的实施取得了显著的成效。这一制度不仅促进了学生的全面发展,还提升了教师的专业素养和指导能力。未来,随着学校对这一制度的不断完善和优化,相信全员导师制将在上海市三灶学校的教育教学中发挥更加重要的作用。

3. 全员导师制对儿童哲学生命教育的影响

全员导师制的实施,对儿童哲学生命教育产生了深远的影响。在这一制度下,每位学生都得到了导师的个性化关注和指导,这使得儿童哲学生命教育的实施更为深入和细致。导师不仅是知识的传授者,更是学生思想和心灵的引领者。他们通过引导学生深入思考生命的意义和价值,激发学生对哲学的兴趣,从而培养学生的思辨能力和人文素养。

在全员导师制的推动下,学生们能够积极参与哲学讨论和生命体验活动。这些活动不仅丰富了学生的学习生活,更让他们在实践中感悟生命的真谛。导师们结合儿童哲学和生命教育的理念,设计了一系列富有启发性的讨论话题,如"生命的起源与意义""如何面对生命中的挑战"等,引导学生们在讨论中思考、在思考中成长。

全员导师制还强调根据学生的个性化需求提供有针对性的指导和帮助。每个学生都是独一无二的个体,他们有着不同的兴趣、爱好和天赋。导师们通过深入了解每个学生,为他们量身定制合适的教育方案,从而最大限度地发挥每个学生的潜能。这种个性化的教育方式,不仅有助于学生的全面发展,更让他们在儿童哲学生命教育的道路上走得更远、更稳。

全员导师制的实施,还为学校营造了一种和谐、亲密的师生关系。在这种关系下,学生们更加信任导师,愿意与导师分享自己的思想和困惑。导师们则凭借着丰富的教育经验和人生阅历,为学生们提供宝贵的建议和指导。这种亲密的师生关系,不仅有助于学生的健康成长,更为儿童哲学生命教育的深入开展奠定了坚实的基础。

全员导师制对儿童哲学生命教育产生了积极的影响。它不仅提高了学生的思辨能力和人文素养,还促进了学生的全面发展和个性化成长。未来,我们期待全员导师制能在更多的学校得到推广和应用,为更多的学生带来深刻而持久的生命教育体验。

三、儿童哲学生命教育实践研究

1. 儿童哲学绘本阅读的选择与应用

上海市三灶学校在儿童哲学生命教育的实践中,对哲学绘本阅读的选择与应用展现了独到的见解和方法。学校深知绘本在儿童哲学教育中的重要地位,因此,在挑选哲学绘本时,不仅注重其内容是否丰富、形式是否多样,更看重其寓意是否深刻,能否真正引发学生对生命、宇宙、人生等宏大主题的深思。

为了确保绘本资源的优质性,上海市三灶学校特设了专门的绘本筛选机制。这一机制汇聚了多位教育专家和儿童文学作家的智慧,他们从浩如烟海的儿童绘本中精挑细选,最终确定了一批既符合儿童认知水平,又能触发深层思考的哲学绘本。这些绘本不仅图画生动、文字优美,更在故事情节中巧妙地嵌入了诸多哲学元素,让学生们在阅读的过程中自然而然地接触到哲学思考。

在应用方面,上海市三灶学校同样不落窠臼。除了常规的绘本阅读课和阅读分享会,学校还鼓励教师结合绘本内容,自主创新教学方式。于是,我们看到了一系列富有创意的教学活动:有的教师组织学生围绕绘本中的哲学主题进行辩论,让学生们在唇枪舌剑中锻炼思辨能力;有的教师则引导学生通过绘画、表演等形式再现绘本情节,让学生们在亲身体验中感悟生命哲学。

上海市三灶学校的教师们在绘本阅读教学中,还特别注重培养学生的批判性思维。他们鼓励学生不盲从绘本中的观点,而是学会独立思考、提出疑问。为此,教师们经常设计一些开放性的问题,如"你认为绘本中的这个角色做得对吗?为什么?""如果你是作者,你会如何改写这个故事?"这样的问题不仅能激发学生的思考热情,还能帮助他们在思考中建立起自己的价值观。

学校还定期组织绘本阅读的成果展示活动。在这些活动中,学生们可以通过演讲、展览、小剧场等多种形式,分享自己在绘本阅读中的所思所感。这不仅锻炼了学生的表达能力,也让他们在交流中碰撞思想、拓宽视野。

上海市三灶学校在儿童哲学绘本阅读的选择与应用上,展现了极高的专业素养和教育智慧。他们不仅为学生提供了优质的绘本资源,更通过创新的教学方式,让绘本阅读成为培养学生哲学思维、提升其综合素养的重要途径。这样的教育实践值得我们深入学习和借鉴。

2. 生命教育课堂的构建与实施

生命教育课堂的构建是上海市三灶学校实施儿童哲学生命教育的核心内容之一。学校以生命教育为主线,贯穿各个学科领域,旨在通过这一特色课堂体系,帮助学生全面理解生命、尊重生命、珍爱生命,进而培养其健康的人生观和价值观。

在生命科学方面,学校通过生物课程引导学生探究生命的奥秘,了解生命的起源、演化和生物多样性。教师运用生动的案例和趣味的实验,激发学生对生命科学的兴趣,培养其科学精神和探究能力。同时,学校还组织丰富的课外活动,如生物观察、环保实践等,让学生在亲身实践中感受生命的奇妙与伟大。

在生命伦理方面,学校通过道德与法治课程,引导学生思考生命与道德的关系,培养其良好的道德品质和法治意识。教师通过情景模拟、角色扮演等方式,让学生在互动体验中领悟生命伦理的真谛,学会尊重他人的生命权利,懂得承担生命责任。此外,学校还邀请专家学者举办讲座,拓宽学生的视野,加深其对生命伦理的理解。

在生命美学方面,学校通过艺术课程培养学生的审美情趣和人文素养。教师引导学生欣赏各种艺术形式,如绘画、音乐、舞蹈等中的生命之美,让学生在艺术的熏陶中感受生命的魅力。同时,学校还鼓励学生参与艺术创作,通过亲身实践来表达自己对生命的理解和感悟。

除了课堂教学外,上海市三灶学校还注重跨学科整合和实践教学在生命教育中的运用。学校定期组织参观访问活动,如带领学生参观自然博物馆、科技馆等,让学生在实地考察中了解生命的多样性和复杂性。同时,学校还开展丰富的社会实践活动,如志愿者服务、环保行动等,让学生在亲身参与中体验生命的价值和意义,培养其社会责任感。

上海市三灶学校通过构建以生命教育为主题的特色课堂体系,并结合跨学科整合和实践教学的方式,为学生提供了一个全方位、多维度的生命教育平台。这不仅有助于学生全面理解生命、尊重生命、珍爱生命,还能有效提升其综合素质和人生境界,为其未来的健康成长和全面发展奠定坚实基础。

3. 家校共育在生命教育中的实践

上海市三灶学校在生命教育的探索中,深刻地认识到家校共育的重要性。学校明白,家庭是孩子成长的摇篮,家长是孩子的第一任教育者,他们的言传身教对孩子影响深远。因此,将家庭教育与学校教育紧密结合,形成教育合力,是提升生命教育质量的关键。

为了加强与家长的沟通和联系，学校定期举行家长会，这不仅是一个信息共享的平台，更是一个家长与教师共同探讨教育问题、交流教育经验的平台。在家长会上，教师们会详细介绍学校的教育理念、教学方法以及学生在学校的表现，同时倾听家长们的意见和建议，共同为学生的成长出谋划策。

学校还通过家访的方式，深入了解学生的家庭环境、成长经历及个性特点。家访不仅让教师更加贴近学生的生活，也为他们提供了更加个性化的教育指导。在这个过程中，教师们还能及时向家长反馈学生在校的情况，引导家长正确地参与孩子的教育过程。

更值得一提的是，学校邀请家长参与生命教育活动，如家长微课堂等。这些活动旨在增强学生的生命意识，培养他们的生命情感和生命能力。家长的参与不仅丰富了活动的形式和内容，还让孩子们在亲情的陪伴下更加深入地理解生命的意义和价值。

家校共育的实践在上海市三灶学校取得了显著的成效。家长们更加了解和支持学校的工作，学生们在家庭和学校的双重关爱下健康成长。这种教育模式不仅有助于形成强大的教育合力，还为学生的全面发展奠定了坚实的基础。在这个过程中，学校、家长和学生共同构建了一个和谐、积极、充满活力的教育生态。

四、实践效果分析与讨论

1. 学生对生命教育的认知与态度变化

在上海市三灶学校的儿童哲学生命教育实践过程中，我们通过多种评估工具，如问卷调查、深度访谈以及课堂观察等，全面探究了学生对生命教育的认知和态度变化。结果显示，这一系列的教育实践对学生产生了深远的影响。

学生们开始更加关注生命的本质和价值，这不仅体现在他们对生命科学的兴趣增加，更表现在他们开始主动思考人生的意义，探索自我与他人的关系,以及人类与自然界的和谐共生。这种变化在日常的课堂讨论和课后交流中显得尤为明显,学生们愿意分享自己对于生命的理解,也能够倾听并尊重他人的观点。

学生们对生命的态度也发生了积极的转变。他们开始珍惜身边的每一个生命,无论是校园里的植物、动物,还是身边的同学和教师。这种对生命的敬畏,也让他们在日常生活中更加注重自己的行为举止,避免对他人或环境造成伤害。

更值得一提的是,学生们对生命教育的参与度也有了显著提升。他们不再是被动的接受者,而是变成了主动的参与者和创造者。在学校的各类生命教育活动中,学生们积极报名、热情参与,甚至还能提出自己的建议和想法,为活动的完善和改进贡献自己的力量。

上海市三灶学校的儿童哲学生命教育实践对学生产生了积极而深远的影响。这不仅提升了学生对生命的认知和态度,也为他们未来的成长和发展奠定了坚实的基础。我们相信,随着时间的推移,这种教育模式的价值将会得到更加充分的体现。

2. 教师专业成长与育人能力提升

在推行儿童哲学生命教育的过程中,上海市三灶学校的教师们不仅深化了对生命教育的理解,还在实践中不断锤炼和提升自己的专业素养与育人能力。这一过程中,教师们通过参与专业培训、阅读相关书籍、观摩优秀教学案例等多种途径,积极汲取新的教育理念和教学方法。他们逐渐领悟到,教育不仅仅是知识的传授,更是心灵的触碰和生命的对话。

教师们开始更加注重学生的个体差异,尊重每一个学生的独特性和内心世界。他们学会了倾听,用心去感受学生的需求和困惑,从而提供更加贴心的指导和帮助。这种关注个体差异的做法,不仅让学生感受到了被理解和被关怀的温暖,也进一步激发了他们的学习热情和探索欲望。

教师们在实践中不断反思和总结,将每一次的教学经验都视为宝贵的财富。他们开始形成自己独特的教学风格和育人策略：有的教师擅长用生动的故事引导学生思考，有的教师则善于通过实践活动让学生亲身体验生命的奥秘。这种多样化的教学方式，不仅丰富了课堂教学内容，也让学生们在轻松愉快的氛围中收获了知识与成长。

教师们专业素养和育人能力的提升，不仅体现在日常的教学工作中，更在特殊时期得到了充分的展现。例如，在新冠疫情期间，教师们迅速适应线上教学模式，通过精心设计的教学活动和互动环节，确保学生们在家也能获得高质量的教育。这种应变能力和创新精神，正是教师们专业素养和育人能力提升的有力证明。

总体而言，上海市三灶学校的教师们在实施儿童哲学生命教育的过程中，不仅实现了自我成长，更为学生们创设了一个充满关爱与智慧的学习环境。他们的专业素养和育人能力成为了推动学校教育事业不断前进的强大动力。

3. 学校教育特色的形成与推广价值

上海市三灶学校在长期的儿童哲学生命教育实践中，通过不断的摸索和创新，成功地打造出了独具特色的教育模式。这种模式将哲学思考与生命教育紧密结合，旨在引导学生深入探索生命的意义，培养其对生命的尊重和珍视，进而使其形成正确的人生观和价值观。

这一教育模式的形成并非一蹴而就，而是经过了数年的沉淀和积累。学校从一开始就明确了生命教育的核心地位，将其作为培养学生全面发展的关键一环。通过精心设计的课程和活动，以及全体教师的共同努力，学校成功地营造了一种积极向上、富有哲学思考的教育氛围。

在这种氛围的熏陶下，学生们开始更加深入地思考生命的意义和价值，积极参与各种生命教育活动。他们通过阅读哲学绘本、探索生命科学、讨论生命伦理等方式，不断拓展自己的视野和提升自己的思维深度。这种教育模式不仅让学生们在课堂上受益匪浅，更让他们在日常生活中学会了如何更好地面对和解决问题。正因为这种独特的教育模式取得了显著的成效,所以得到了学生和家长们的广泛认可和好评。家长们纷纷表示,孩子们在学习和生活中变得更加自信、独立和富有责任感。

总的来说,上海市三灶学校的儿童哲学生命教育模式已经成为学校教育的一大特色。它不仅为学生们提供了更加全面和深入的教育体验,更为整个教育行业提供了一种新的思路和方向。因此,这种教育模式具有极高的推广价值和典型的示范意义,有望在未来的教育发展中发挥更加重要的作用。

五、结论与展望

1. 研究结论

本研究通过对上海市三灶学校儿童哲学生命教育实践的深入剖析和探讨,得出以下主要结论。

一是儿童哲学与生命教育的有机结合能够有效提升学生的综合素质和人生境界。通过引入儿童哲学绘本阅读、构建生命教育特色课堂以及实施家校共育,上海市三灶学校成功地引导学生深入思考生命的意义和价值,培养了他们的思辨能力、人文素养和社会责任感。这种教育模式不仅丰富了学生的内心世界,还提高了他们的道德水平,为其未来成为有责任感的社会公民奠定了坚实基础。

二是全员导师制的实施为儿童哲学生命教育提供了有力支持,并促进了教师专业素养与育人能力的提升。在全员导师制下,每位教师都承担起导师的角色,关注学生的全面发展,提供个性化的指导和支持。这不仅有助于建立和谐的师生关系,还使得教师能够更深入地了解学生的需求和困惑,从而提供更有针对性的教育引导。同时,教师在实践中不断反思和总结,提升了自身的专业素养和育人能力,形成了独特的教学风格和策略。

2. 未来展望

上海市三灶学校的儿童哲学生命教育实践取得了显著的成效,不仅提高了学生的综合素质和人生境界,还促进了教师的专业素养提升和学校的特色发展。这一教育模式具有较高的推广价值和典型的示范意义,为其他学校提供了借鉴。然而,教育是一个持续发展和改进的过程,上海市三灶学校仍需不断探索和创新,进一步完善儿童哲学生命教育体系,以更好地满足学生的成长需求和社会的发展要求。

上海市三灶学校儿童哲学绘本教育实践及成效分析

摘要：随着教育改革的不断深入，儿童哲学教育因其独特的育人价值受到广泛关注。上海市三灶学校作为探索儿童哲学绘本教育实践的学校，其创新尝试与显著成效成为研究的焦点。本研究基于深入的教育实践调研，全面剖析了该校儿童哲学绘本课程的开发历程、实施路径及其对学生思维能力、情感态度等多维度发展的影响。结果表明，该课程通过精心选择的绘本与设计多元的教学方法，有效激发了学生的学习兴趣与参与度，显著提升了学生的批判性思维、创新思维与人文素养。尤为值得注意的是，该课程还注重情感教育与社会责任的培育，为学生的全面发展奠定了坚实基础。同时，研究还发现，教师素质、学生背景及学校支持等关键因素对于课程实施效果具有显著影响，为未来优化儿童哲学绘本教育提供了重要参考。

关键词：儿童哲学　绘本教育　思维能力　情感态度　教育实践　上海市三灶学校

一、研究概述

1. 研究背景与意义

随着教育改革的不断深化，儿童哲学教育逐渐成为了培养学生综合素养的重要环节。特别是在当前多元化、信息化的时代背景下，如何有效培养学生的批判性思维、创新性思维以及提升人文素养，成为教育领域亟待解决的问题。儿童哲学教育，以其独特的思维训练方式和人文关怀，正逐渐成为推动学生全面发展的新途径。上海市三灶学校在这一教育改革的浪潮中，率先开设了儿童哲学绘本课程，以期通过生动有趣的绘本故事，引导学生进行深入思考，培养他们的思辨能力和提升人文素养。

绘本作为一种图文并茂的阅读材料，以其直观性、趣味性和艺术性深受儿童喜爱。在绘本中融入哲学元素，不仅可以激发学生的学习兴趣，还能在潜移默化中培养他们的哲学思维。上海市三灶学校正是基于这样的教育理念，尝试将儿童哲学与绘本教学相结合，以期达到更好的教育效果。

三灶学校的这一教育实践，不仅有助于提升学生的综合素养，还为同类学校在课程开发与实施方面提供了借鉴。通过分析三灶学校的儿童哲学绘本课程，我们可以了解如何将哲学理念与日常教学相结合，如何设计富有启发性的教学内容，以及如何评估课程的实施效果。这些经验对于推动整个教育行业的改革与创新具有重要意义。

从更广阔的视角来看，儿童哲学绘本教育的实践也是对传统教育模式的挑战与突破。传统的教育模式往往注重知识的传授，而忽视了对学生思辨能力的培养和人文素养。在当今社会，这些能力恰恰是学生未来发展不可或缺的重要素质。因此，三灶学校的这一教育实践不仅具有创新意义，更体现了教育的前瞻性和社会责任感。

通过对儿童哲学绘本课程成效的深入分析，我们还可以为教育政策制定者提供有价值的参考。课程的实施效果、学生的反馈以及教师的体验，都是评估教育改革成效的重要依据。这些数据的收集与分析，将有助于我们更全面地了解儿童哲学绘本教育的实际价值，从而推动相关教育政策的完善与优化。

上海市三灶学校的儿童哲学绘本教育实践及成效分析，不仅具有深远的教育意义，还为教育改革与创新提供了宝贵的实践经验。通过这一研究，我们有望为培养更多具备批判性思维、创新思维和人文素养的优秀人才打下坚实的基础。同时，这一教育实践也为其他学校提供了可借鉴的范例，有助于推动整个教育行业的持续进步与发展。

2. 研究目的和方法

上海市三灶学校近年来致力于儿童哲学绘本教育的实践，旨在通过这种富有哲学思考的教学方式来促进学生的全面发展。为了深入探讨这一教育实践的效果，并分析其对提升学生各方面能力的作用，本研究设定了明确的研究目的，即全面评估儿童哲学绘本课程的实施成效。

本文期望通过实证分析，了解儿童哲学绘本课程对学生思维能力、情感态度以及价值观等方面的影响。此外，本研究还希望总结课程实施过程中的经验教训，为其他学校提供参考。

为实现上述研究目的，本研究综合采用了多种研究方法。首先，通过文献综述，系统梳理了国内外关于儿童哲学绘本教育的理论与实践，为本研究的开展提供了坚实的理论基础。其次，利用问卷调查法，广泛收集了上海市三灶学校参与儿童哲学绘本课程的学生、家长及教师的意见与反馈，从而获取了第一手的研究资料。

除了问卷调查，本研究还采用了访谈法，与部分参与课程的学生和教师进行了深入的交流。通过访谈，我们了解到他们对课程的真实感受与看法，以及课程实施过程中遇到的具体问题与挑战。这些访谈资料为本研究提供了丰富的定性分析依据。

观察法也是本研究采用的重要研究方法之一。研究者在课程实施过程中，对学生的学习状态、课堂互动情况以及教师的教学方式等进行了细致的观察与记录。这些观察数据为本研究提供了宝贵的实证材料，有助于我们更全面地评估儿童哲学绘本课程的实施效果。

二、儿童哲学与绘本课程的结合

1. 儿童哲学的核心理念

儿童哲学,这一起源于20世纪60年代美国的教育理念,着重于通过对话、讨论及反思等多种方式,引导孩子们深入探索自我、全面认识世界、深刻理解价值。其核心不仅在于知识的传递,更在于培养孩子们的批判性思维、创新性思维,以及提升他们的人文素养。

儿童哲学的核心理念首先体现在尊重学生的主体地位上。这意味着在教育过程中,学生不再是被动接受知识的容器,而是成为主动探索、积极思考的学习者。通过参与哲学讨论,学生有机会表达自己的观点,倾听他人的想法,从而在交流中成长,在思考中进步。

儿童哲学鼓励自由表达和探索。在安全的课堂环境中,学生被赋予自由发言的权利,他们可以提出疑问,挑战常规,甚至对既定观念进行批判。这种自由不仅激发了学生的好奇心,也培养了他们的批判精神,使他们在面对问题时能够独立思考,不盲从权威。

儿童哲学注重思维训练和情感教育。通过引导学生进行逻辑推理、辩证思考,以及培养他们的同理心、责任感等情感品质,儿童哲学旨在促进学生全面发展。这种教育理念不仅关注学生的认知能力提升,更着眼于培养他们的情感态度,以期他们在未来能够成为有思想、有情感、有责任感的社会公民。

儿童哲学的核心理念体现了对学生全面发展的深刻关注。通过实施儿童哲学教育,我们不仅能够培养学生们的思维能力,更能够陶冶他们的情操,为他们的未来发展奠定坚实的基础。而绘本作为儿童喜爱的读物之一,与儿童哲学教育相结合,无疑为这一教育理念的实践提供了有力的支持。通过绘本中丰富的故事情节和生动的画面,学生可以更加直观地理解哲学概念,更加深入地探讨哲学问题,从而在愉快的阅读中收获成长与进步。

2. 绘本课程的特点与价值

绘本作为一种独特的书籍形式,融合了精练的文字与生动的图画,为儿童呈现了一个直观、有趣且富有启发性的阅读世界。其特点鲜明,价值深远,对于儿童的成长发展具有不可忽视的影响。

绘本的直观性是其最为显著的特点之一。通过生动的图画和简洁的文字,绘本能够直接呈现故事情节和人物形象,使得儿童能够迅速理解并沉浸其中。这种直观性的表达方式不仅符合儿童的认知特点,更能够激发他们的阅读兴趣,培养其良好的阅读习惯。

趣味性则是绘本吸引儿童的重要因素。绘本中的图画往往色彩鲜艳、形象可爱,文字则幽默风趣、富有韵律感,这使得整个阅读过程充满了乐趣。儿童在享受阅读的同时,也能够感受到绘本所传递的快乐和正能量,从而更加热爱阅读、热爱生活。

除了直观性和趣味性,绘本还具有深刻的启发性。绘本中的故事往往蕴含着丰富的哲理和人生智慧,能够引导儿童深入思考、拓展视野。通过阅读绘本,儿童可以学会如何面对生活中的困难和挑战,如何理解并尊重不同的文化和价值观,如何培养自己的同理心和责任感。

绘本课程正是基于绘本的这些特点与价值而设计的。通过精选优秀的绘本作品,结合儿童的认知特点和兴趣爱好,绘本课程能够设计出丰富多样的教学活动。这些活动旨在培养儿童的阅读兴趣、想象力和创造力,同时促进其语言发展、情感表达和社交技能的提升。例如,在绘本课程中,教师可以引导学生进行角色扮演、故事续编、图画创作等互动活动,让学生在参与中体验阅读的乐趣,提升各方面的能力。

绘本课程还能够为儿童提供一个情感表达的平台。在绘本的世界里,儿童可以找到与自己相似的经历和感受,从而学会如何表达自己的情感和需求。这种情感教育的渗透不仅能够帮助儿童建立健康的人格和情感态度,还能够促进其社会性的发展。

3. 儿童哲学与绘本的结合点

儿童哲学与绘本课程的融合,在理念层面展示出深厚的共通之处。绘本,以其独特的图文并茂的形式,为儿童哲学思想提供了生动的传递方式。通过细腻的画面与引人入胜的故事,绘本能够引导儿童深入思考生活的意义、社会的构成以及自然的奥秘。例如,在某些以自然为主题的绘本中,通过对动植物生活的描绘,可以引发儿童对于生态平衡、生命尊重等哲学问题的思考。

儿童哲学为绘本阅读提供了坚实的理论支撑与方法指引。在绘本教学中融入哲学元素,有助于儿童在阅读时不仅仅停留在故事表面,而是能进行更深层次的反思与情感投射。这种深度的阅读体验,不仅能够锻炼儿童的批判性思维,还能促进其情感世界的丰富与发展。

更为重要的是,儿童哲学与绘本的结合,实际上是一种教育资源的优化配置。绘本的直观性与儿童哲学的思辨性相辅相成,共同作用于儿童的认知与情感发展。在这种教育模式下,儿童不仅能够获得知识技能,更能在潜移默化中培养出独立思考的能力与人文关怀的精神。

儿童哲学与绘本课程的结合点在于它们能够相互促进,共同助力儿童的全面发展。绘本为儿童哲学提供了具体化的教学手段,而儿童哲学则提升了绘本内容的深度与广度。这种结合,不仅丰富了教学内容,更在无形中提升了教育的质量与效果。

三、上海市三灶学校儿童哲学绘本课程的开发与实施

1. 课程开发过程

在上海市三灶学校,儿童哲学绘本课程的开发是一个系统而严谨的过程。学校深知,要确保课程的有效性和吸引力,必须从学生的实际需求出发。因此,在课程开发的起始阶段,学校进行了详尽的需求分析。这一步骤涉及与学生、教师和家长的深入交流,以及对市场上已有绘本资源的仔细考

察。通过这种方式,学校不仅对学生的兴趣爱好、认知水平和发展需求有了更为准确的了解,也为后续的课程设计奠定了坚实基础。

在充分了解学生需求的基础上,学校开始着手设计课程内容。这一环节紧密结合了儿童哲学的核心理念,即尊重儿童的主体地位,鼓励自由表达和探索,以及注重思维训练和情感教育。同时,也充分考虑了绘本课程的直观性、趣味性和启发性特点。课程内容的设计不仅涵盖了丰富的哲学主题,如自我认知、社会关系、自然与环境等,还融入了多样的教学活动,旨在激发学生的参与热情和增加思考深度。

绘本作品的选择是课程开发过程中的又一关键环节。上海市三灶学校对此给予了高度重视,专门成立了由教育专家、教师和图书馆馆员组成的选材小组。他们根据课程内容的需求,以及学生的年龄特点和阅读兴趣,从海量的绘本资源中精选出了一批既富有教育意义又极具趣味性的作品。这些绘本作品不仅为课程教学提供了生动的素材,也为学生打开了一扇通往广阔哲学世界的窗户。

学校在课程开发过程中还特别强调了课程的科学性和实用性。为了确保这一点,学校邀请了儿童哲学和绘本教育领域的专家进行课程审核和指导,确保课程内容既符合教育规律,又能满足学生的实际需求。同时,学校还定期组织教师进行课程培训和研讨,以提升他们的教学能力和对课程的理解深度。

上海市三灶学校的儿童哲学绘本课程开发过程是一个以学生需求为导向、以儿童哲学为理论基础、以绘本为载体的系统性工程。这个过程不仅体现了学校对教育质量的高度追求,也展示了学校在创新教育方面的深厚底蕴和前瞻视野。通过这样的课程开发,上海市三灶学校为学生们提供了一种全新的学习体验,让他们在享受阅读乐趣的同时,也能够深入思考生活的真谛和世界的奥秘。

2. 课程实施步骤

在课程实施中,上海市三灶学校精心策划并组织了一系列教学活动,以确保儿童哲学绘本课程的有效实施。学校秉承以学生为中心的教学理念,深知学生在学习过程中的主体地位,因此,在课程设计之初,就充分考虑了学生的兴趣、需求和发展目标。

为了激发学生的学习兴趣和参与度,学校采用了多样化的教学方法和手段。例如,通过小组讨论的形式,鼓励学生围绕绘本中的主题或情节展开深入讨论,各抒己见,相互启发。这种教学方式不仅锻炼了学生的口语表达能力,还培养了他们的团队合作精神和批判性思维。此外,角色扮演也是课程中常用的一种教学方法。学生可以通过扮演绘本中的角色,身临其境地感受故事情节,从而更好地理解角色性格、情感以及故事背后的深层含义。这种教学方式对于学生的情感的培养和人文素养的提升具有显著效果。

除了上述教学方法外,上海市三灶学校还注重运用思维导图这一教学工具。在绘本阅读过程中,教师引导学生运用思维导图梳理故事情节、人物关系或主题思想,帮助学生形成清晰的认知结构,提高他们的阅读理解和逻辑思维能力。

在课程实施过程中,学校还加强了对教师的培训和支持。通过定期举办教师培训活动,邀请儿童哲学和绘本教育领域的专家举办讲座和指导,帮助教师深入理解儿童哲学的核心理念和绘本教学的有效方法。同时,学校还鼓励教师之间开展教学研讨和经验分享,形成良好的教学氛围,促进教师教学水平的共同提升。

为了确保课程实施的质量和效果,上海市三灶学校还建立了完善的课程评价体系。该体系包括对学生学习效果的评价、对教师教学质量的评价以及对课程内容和教学方法的反馈机制。通过定期进行评价和反馈,学校能够及时了解课程实施过程中的问题和不足,并有针对性地进行调整和优化,从而确保儿童哲学绘本课程能够持续、有效地促进学生的全面发展。

3. 课程特色分析

上海市三灶学校儿童哲学绘本课程的特色，不仅体现在其深厚的理论基础和丰富的教学内容上，更在于其独特的教学理念和创新的教学方式。

该课程在培养学生批判性思维和创新能力方面有着显著的特点。通过精心挑选的绘本作品，教师引导学生深入剖析故事情节，挖掘其中的哲学思想，从而激发学生对问题的独立思考和深入探索。这种教学方式不仅有助于提升学生的思维深度和广度，更能培养他们在面对复杂问题时独立思考和解决问题的能力。此外，课程还鼓励学生从不同角度审视问题，提出自己的见解和观点，进一步培养他们的创新意识和创新精神。

该课程在情感和人文素养培养方面同样表现出色。绘本作为一种富有情感色彩和艺术魅力的文学形式，能够深深触动学生的内心，引发他们的情感共鸣。通过对绘本中情感故事的深入解读和讨论，学生能够更好地理解人与人之间的关系，学会关心他人、尊重他人，进而形成健全的人格和良好的道德品质。同时，课程中蕴含的丰富人生哲理和智慧，也能够引导学生深入思考人生的意义和价值，帮助他们树立正确的价值观和人生观。

上海市三灶学校儿童哲学绘本课程的实践性和应用性也是一大亮点。课程不仅注重理论知识的传授，更强调实践能力的培养和应用能力的提升。为此，教师会结合课程内容设计一系列贴近学生生活的实践活动和作业任务，如角色扮演、情景模拟、社会实践等，让学生在亲身体验中感受知识的力量，学会将所学知识应用于实际生活中。这种实践性和应用性的教学方式，不仅能够增强学生的学习兴趣和动力，更能够培养他们的实践能力和创新精神，为他们的未来发展奠定坚实的基础。

四、实证研究与分析

1. 数据处理与分析方法

在收集到丰富的数据后，本研究采用了多种数据处理与分析方法以确保结果的准确性和客观性。对于问卷调查的数据,我们使用统计软件进行了量化分析,通过描述性统计、相关性分析以及差异检验等手段,深入剖析了学生和家长对儿童哲学绘本课程的满意度、对课程效果的感知以及他们的具体反馈意见。这些分析不仅揭示了课程的整体效果,还为我们指出了课程改进的具体方向。

对于访谈和观察所得的数据,我们采用了质性研究的方法进行处理。通过逐字记录、关键词提取和情感分析等手段,我们深入了解了教师和学生在课程实施过程中的真实体验和感受。这些质性数据不仅为我们提供了课程实施过程中的细节信息,还帮助我们更全面地了解了问卷调查结果背后的深层次原因。

综合运用量化和质性两种分析方法,我们得以全面、深入地评估上海市三灶学校儿童哲学绘本课程的实施效果。这种方法论上的多元化不仅增强了研究结果的信度和效度,还为我们提供了更为丰富和深入的课程改进建议。

2. 研究结果与讨论

经过深入的数据处理与分析,我们得出了一系列关于上海市三灶学校儿童哲学绘本课程实施效果的研究结果。首先,问卷调查显示,大部分学生和家长对课程表示满意,他们认为课程在培养学生的思维能力、情感态度和提升人文素养等方面取得了显著成效。同时,访谈和观察结果也进一步印证了这一点,许多教师和学生都表示课程对他们的成长和发展产生了积极影响。

研究也发现了一些值得关注的问题。部分学生和家长反映,课程在某些方面仍有待改进,如教材内容的选择、教学活动的多样性以及课程评价的合理性等。此外,一些教师在访谈中也提到了他们在课程实施过程中遇到的挑战和困惑,如:如何更好地激发学生的学习兴趣、如何平衡知识的传授与学生自主探究的关系等。

针对这些问题和挑战，我们进行了深入的讨论和分析。我们认为，可以通过优化教材内容、丰富教学活动形式以及完善课程评价体系等措施来进一步提升课程质量。同时，我们也建议学校加强对教师的培训和支持，帮助他们更好地应对课程实施过程中的各种挑战。

3. 实施效果分析

深入剖析上海市三灶学校儿童哲学绘本课程的实施效果，我们发现该课程对学生的成长产生了深远影响。通过系统的数据收集与分析，我们观察到了学生在多个方面的显著进步。

在思维能力方面，该课程显著提升了学生的独立思考能力。通过对绘本中富有哲理的故事情节进行深度解读和讨论，学生们学会了从不同角度审视问题，提出了更多富有创意的观点。这种批判性思维的形成，使他们在面对复杂问题时能够保持清晰的思路，做出更为合理的判断。

情感态度方面，该课程培养了学生的人文关怀和社会责任感。绘本中蕴含的情感教育和人生哲理，使学生在阅读过程中产生了强烈的情感共鸣。他们开始更加关注社会问题，对他人充满善意，对生命充满敬畏。这种积极的情感态度，不仅提升了学生的道德素养，也为他们未来成为有担当的公民奠定了坚实基础。

学生的综合素质也在该课程的影响下得到了全面提升。在语言表达方面，通过课堂讨论和小组活动，学生们的口头表达能力得到了显著提高，他们能够更为准确、流畅地表达自己的观点和想法。在社交技能方面，学生们学会了如何在团队中协作，如何与他人进行有效沟通，这对于他们未来融入社会具有重要意义。同时，课程中的创新实践活动也激发了学生的创造力，使他们在面对新问题时能够灵活运用所学知识，提出富有创新性的解决方案。

上海市三灶学校儿童哲学绘本课程的实施效果显著，对学生的全面发展起到了积极的推动作用。这不仅体现在学生思维能力的提升上，更体现在他们情感态度的转变和综合素质的全面提高上。因此，我们有理由相信，这种创新的课程模式将为更多学生的成长提供有力支持。

4. 影响因素探讨

儿童哲学绘本课程的实施效果受到多重因素的影响，这些因素相互作用，共同决定了课程的最终成效。以下，我们将深入探讨这些关键的影响因素。

教师素质在课程实施中扮演着重要的角色。一位优秀的教师应当不仅具备扎实的专业知识，还需拥有灵活多变的教学方法和深厚的人文素养。在儿童哲学绘本课程中，教师需要能够引导学生进行深入思考，激发他们对哲学问题的兴趣，这就要求教师必须自身首先对这些内容有深刻的理解和独到的见解。同时，教师的教学态度和教学方式也会直接影响学生的学习体验和学习成效。例如，一个充满热情和耐心的教师，更能够激发学生的学习兴趣，使他们在轻松愉快的氛围中掌握知识，提升思维。

学生背景同样是不容忽视的影响因素。学生的年龄、性别、家庭背景、兴趣爱好等都会对他们的学习态度和能力产生影响。比如，年龄较小的学生可能更倾向于通过直观、生动的方式来学习知识，而年龄较大的学生则可能更注重知识的深度和广度。性别也可能影响学生的兴趣点，比如男生可能对某些主题更感兴趣，而女生则可能对另外一些主题更感兴趣。此外，学生的家庭背景和成长环境也会影响他们的学习态度和价值观，从而影响他们对课程的接受程度和参与度。

学校支持是课程顺利实施的另一重要保障。学校对课程的重视程度、资源配置以及管理机制等都会直接影响课程的开展效果。如果学校能够给予足够的重视和支持，提供丰富的教学资源和良好的教学环境，那么课程的实施将会更加顺利，效果也会更加显著。反之，如果学校对课程缺乏必要的支持和投入，那么即使教师和学生再努力，也难以取得理想的教学效果。

教师素质、学生背景和学校支持是影响儿童哲学绘本课程实施效果的关键因素。为了提高课程的实施效果，我们需要从这三个方面入手，全面提升教师的教学水平，深入了解学生的需求和特点，以及争取学校的更多支持和投入。只有这样，我们才能充分发挥儿童哲学绘本课程的优势，为学生的全面发展创造更好的条件。

五、展望与建议

未来，我们有必要进一步拓宽儿童哲学绘本课程的研究领域，深入探索其在不同年龄段、不同学科领域中的具体应用和成效。这一研究方向将为我们提供更全面的视角，来审视和理解儿童哲学绘本课程的价值与潜力。

针对不同年龄段的学生，儿童哲学绘本课程的内容设计和实施方式应有所不同。对于低年级的学生，课程可以更注重通过绘本中的生动故事和形象来引导他们的思考和情感体验。而对于高年级的学生，课程可以更多地引入哲学概念和思想，通过讨论和辩论等方式来培养他们的批判性思维和创新能力。

将儿童哲学绘本课程与其他学科领域相结合，也是一个值得探索的方向。例如，在科学教育中，可以通过绘本引导学生思考科学发展的过程和科学方法的应用；在道德教育中，可以通过绘本中的道德故事来培养学生的道德判断和行为选择能力。这种跨学科的融合将有助于提升学生的学习兴趣和综合素质。

为了实现这些研究目标，我们建议教育机构和研究者们加强合作与交流，共同推动儿童哲学绘本课程的研究与实践。同时，也需要加强对教师的专业培训和支持，提升他们的课程设计和实施能力。只有这样，我们才能充分发挥儿童哲学绘本课程的优势，为学生的全面发展提供更有力的支持。